*Über dieses Buch* Luther interessierte sich nicht für sein Bildnis; wichtiger als das äußere Bild war ihm das seelische Heil. Deshalb überließ er es ganz seinem Gevatter Lucas Cranach, sein Bildnis zu gestalten. Dieser aber stand in Diensten des Wittenberger Hofes, der für jede politische Konstellation ein geeignetes Lutherbildnis brauchte. So entstand eine Reihe Cranachscher Lutherbildnisse, die sich sehr voneinander unterscheiden; sie erarbeiten ein »Image« des Reformators.

*Der Autor* Martin Warnke, geboren 1937 in Ijui/Brasilien, studierte Kunstgeschichte, Geschichte und Germanistik in München und Berlin. 1964 Promotion, 1970 Habilitation. 1971–1979 Professor für Kunstgeschichte in Marburg, seit 1978 in Hamburg. Buchveröffentlichungen: *Kommentare zu Rubens*, 1965; *Bildersturm* (Hg.), 1973; *Peter Paul Rubens*, 1977; *Bau und Überbau. Soziologie einer mittelalterlichen Architektur nach den Schriftquellen*, 1975; *Politische Architektur* (Hg.), 1984.

# Cranachs Luther

## Entwürfe für ein Image

Von Martin Warnke

Fischer Taschenbuch Verlag

kunst stück

*Herausgegeben*
*von*
*Klaus Herding*

Die Konzeption der Reihe wurde erarbeitet von
Max Bartholl, Klaus Herding, Christoph Krämer,
Peter Mathews

Lektorat: Werner Berthel

*Frontispiz:*
Bildnis Lucas Cranachs
von Albrecht Dürer, 1524.
Silberstiftzeichnung.

Originalausgabe
Veröffentlicht im Fischer Taschenbuch Verlag GmbH,
Frankfurt am Main, April 1984

Gestaltung: Max Bartholl, Christoph Krämer
Satz und Druck: Georg Wagner, Nördlingen
Bindung: G. Lachenmaier, Reutlingen
Printed in Germany
980-ISBN-3-596-23904-4

## Vorgaben für Cranach

Als Sohn eines Bergmannes gehörte Martin Luther nicht zu dem Kreis der Personen, denen ein »Conterfetter«, ein Bildnismaler, schon an der Wiege gestanden hätte.

Das gemalte, selbständige Bildnis war in der zweiten Hälfte des 14. Jahrhunderts aufgekommen und galt der Erscheinung hoher Fürstlichkeiten. Erst im Verlauf des folgenden Jahrhunderts traten hohe Hofbeamte und reiche Bürger, geistliche und weltliche Würdenträger aller Art, mit Bildniswünschen an die Maler heran. Fürsten und Würdenträger nutzten Bildnisse zur Repräsentation an markanten Plätzen in Kirchen oder Palästen; auch wird es üblich, im zwischenhöfischen Verkehr Bildnisse auszutauschen, etwa dann, wenn man Ehen anzubahnen hatte. Auch in bürgerlichen Kreisen waren »Verlöbnisbilder« verbreitet, mit denen man Eheversprechen, vielleicht rechtswirksam, dokumentierte. In den Kunsttheorien wird als Motiv für eine Bildnisherstellung auch das Bedürfnis genannt, sich dem »Gedächtnis« der Nachfahren zu überliefern, ein Motiv, das auch noch bei fotografischen Portraitaufnahmen mitschwingt.

Da es heute, nach der Einführung der Ausweispflicht, von jedem deutschen Bürger wenigstens eine Portraitaufnahme gibt und wir theoretisch über eine Gesamtphysiognomie der Deutschen verfügen, ist es vielleicht nicht leicht nachzuvollziehen, daß um 1500 die Bildnisaufnahme noch ein Privileg weniger Menschen war. Unsere Kunst- und Kulturgeschichten berichten gerne, daß im Zeitalter der Renaissance das Individuum neu erwacht sei, und die Verbreitung des Bildnisses rechnet zu den wichtigsten Anhaltspunkten einer solchen Entwicklung. Dank der Bildnisse verbinden wir mit großen historischen Figuren des Renaissance-Zeitalters auch bestimmte Physiognomien. Wie von Kaiser Karl V., Papst Leo X. oder von Friedrich dem Weisen, können wir von Luther anhand der fast fünfhundert überlieferten Bildnisse[1] eine genaue Vorstellung gewinnen, während wir etwa von Luthers Vorläufern, John Wiclif oder Johannes Hus, nicht ein einziges zeitgenössisches Bildnis besitzen.

Dennoch ist auch im Renaissance-Zeitalter das Bildnis eines Menschen, nicht anders als heute, erst unter bestimmten Voraussetzungen entstanden und verbreitet worden. Luther hatte schon als Mönch, bald auch als junger Professor sehr persönliche Glaubens- und Lebensentscheidungen hinter sich, ohne daß er selbst oder irgendein Zeitgenosse das Bedürfnis hatte, sein Gesicht gemalt oder gezeichnet zu sehen. Denn wiewohl Luther dank verwandtschaftlicher Beziehungen der Mutter durchaus in besseren Kreisen verkehrte, genügte es für einen Menschen seiner Herkunft in der Regel nicht, über ein ausgeprägtes Individualbewußtsein zu verfügen, um zu einem Bildnis zu gelangen. Vielmehr mußte eine Öffentlichkeit an seinem Gesicht interessiert sein. Deren Bildnisverlangen aber hatte kaum andere Kriterien als diejenigen, die heute darüber entscheiden, wer sein Gesicht in der Presse wiedergegeben findet: Jeder hat diese Chance, wenn er berühmt oder berüchtigt wird. Positive Leistungen, etwa geistiger oder militärischer Art, machten Bildnisse ebenso erforderlich wie negative Leistungen, etwa verbrecherischer oder sonstwie herausfallender Art. Anders als Prinzen, deren Konterfei schon

Diß künd ist geboren worden zu Tettnang

Vff den Achten tag des monats Appzillen von der geburt Jhesu Christi/als man zalt/fünfftzehenhundert vnd Sechtzehen Jare/jnn der halben stunnd als nach mit nacht die glock ains geschlagenn hat ist in des wolgebornenn Herren herrn Vlrich Graue zů Muntfort vnnd stat Tettnang vonn ainer frawen mit namen Anna Bingerin / Conradenn Millers da selbs Eewirtin ain solch künd wie ob stet/mit dem fießlin vnnd schwentzel an seiner prüst auch grossem plafarben gewechs an seinem bauch aussen her vm̄ Ain Retin vñ Rotfarbe straumen darüber wie ain geschwer geborn worden/So des/selbig künd wachend/seine Bain von ain ander/vnnd so es schlaffend auch der massen gelegen/aber alwegen das fießlin in der hand haltend vnd ist ain döchterlin vnnd biß an/den Neünden tag lebendig gewesen/solich künd hat der ob bestimbt Herr vnnd Grauff seinen maller Mayster Matheysen miller Maler burger zů Lindaw mit fleyß haysen verzaychnen oder konterfenn vnd zů trucken ver ortnen wie oben gesehen wirt.

1 *Als Monster war jedes beliebige Kind bildniswürdig. Bildniswürdige Mißgeburt – Zweifache Ansicht des »Kindes Tettnang« mit dem Wappen des Grafen von Montfort-Tettnang, der die Aufnahme des Kindes veranlaßte. 1516. Holzschnitt von Hans Burgkmair.*

im Säuglingsalter aufgenommen und verbreitet werden konnte, hatte ein normales Baby nur Bildnischancen, wenn es als Siamesischer Zwilling, mit einem Wasserkopf oder vollbehaart auf die Welt gekommen war *(Abb. 1)*; dann konnte selbst Dürer seinen Stichel in Bewegung setzen, um das »Curiosum« oder »Monster« in Flugschriften zu verbreiten. Aber auch Verbrecher wurden seit dem 14. Jahrhundert mit Hilfe von Bildnissen gesucht und »in effigie« hingerichtet. Ein normaler Sterblicher konnte sein Bildnis verbreitet sehen, sobald er sich anormal gebärdet hatte.

Luther hatte schon einige Skandale hinter sich, als er mit 36 Jahren zum ersten Mal im Bildnis erschien. Er hatte die 95 Thesen gegen den Ablaß herausgebracht, die sich rasch über ganz Deutschland verbreiteten. Es waren Gegenthesen erschienen, Disputationen angesetzt und im Juni 1518 ein kanonischer Prozeß eingeleitet worden. Sein Landesherr, Friedrich der Weise, erreichte es, daß Luther zur Verhandlung nicht nach Rom, sondern zu dem päpstlichen Legaten Cajetan nach Augsburg reisen mußte. Obwohl zum dortigen Reichstag viele Künstler, darunter auch Dürer, zusammengeströmt waren, nahm keiner das kurze Auftauchen des Mönches zum Anlaß eines Bildnisses. Während Luther in »Sermonen«, die er veröffentlicht, seinen Standpunkt präzisiert und erweitert, kommt es seit Ende Juni 1519 in Leipzig zu einer aufsehenerregenden Disputation, in der sich der kluge katholische Theologe Johannes Eck und Martin Luther hinter Kathedern, die jenen unter ein Bild des hl. Georg, diesen unter das Bild des hl. Martin stellen, gegenüberstehen. Es gelingt Eck, Luther zu unvorsichtigen Aussagen zu provozieren: Es sei für das persönliche Heil nicht notwendig, den Papst als Stellvertreter Christi anzusehen; im übrigen hätten in der Vergangenheit selbst Konzilien geirrt, wie das in Konstanz, wo Johannes Hus zu Unrecht verurteilt worden sei. Zwar jubelten die in Leipzig anwesenden Prager Studenten über diese Rechtfertigung ihres Landsmannes, aber für Luther selbst war eine höchst gefährliche Situation entstanden, da er sich zum ersten Mal mit einem verurteilten Ketzer solidarisiert hatte. Eck nagelte Luther triumphierend auf dieses Eingeständnis fest, und dessen Landes- und Dienstherren, Friedrich dem Weisen, teilt er diesen Tatbestand mahnend mit. Das Schicksal des als hussitischer Ketzer gebrandmarkten Martin Luther versprach eine Sensation.

Dies war der Augenblick, in dem ein Leipziger Drucker, Wolffgang Stöckel, auf dem Titelblatt für eine gedruckte Predigt, in der Luther sich gegen den Vorwurf der Ketzerei verteidigt, das früheste Lutherbildnis in Umlauf bringt, von dem wir Kenntnis haben *(Abb. 2)*. Der Verleger muß es eilig hergestellt haben. Denn die Umschrift des Bildnismedaillons ist so in den Holzstock geschnitten worden, daß die Worte DOCTOR. MARTINUS LUTTER. AUGUSTINER: WITTENB.

Ein Sermon gepredigt tzu Leipßgk uffm Schloß am tag Petri un pauli im xviiij. Jar / durch den wirdigen vater Doctorem Martinu Luther augustiner zu Wittenburgk / mit entschuldigung etzlicher artickel / so ym von etzlichen seiner abgunstigen zugemessen seyn / in der tzeit der Disputacion zu Leipßgk gehalten.

Getruckt zu Leypßgk durch Wolffgang Stöckel im iar. 1519.

*2 Luther unter Lebensgefahr: Ein Heiliger zum Martyrium bestimmt. Das früheste Lutherbildnis – Titelbild einer Lutherpredigt zur Leipziger Disputation. Holzschnitt. Leipzig, bei W. Stöckel 1519.*

*3 So muß das Bildnis von der Vorlage gemeint gewesen sein. Spiegelbild des Medaillons aus Abb. 2*

seitenverkehrt zu stehen kamen. Wo die Kreisform in die Rechteckrahmung, die das Medaillon zwischen Titulatur und Impressum spannt, eingelagert werden soll, kommt es am linken Rand nur zu einer verknautschten Tangente. Da auch der verhaltene Redegestus nicht mit der linken, sondern mit der rechten Hand zu vollziehen ist, muß man sich die Dreiviertelfigur Luthers im Spiegel ansehen *(Abb. 3)*, um die ursprüngliche Anlage, die vielleicht einer Zeichnung oder einer Medaille entnommen ist, gewahr zu werden.

Trotz der improvisierten Herstellung ist das Bildnis nicht ohne Aussagewert. Die Gestalt des schmächtigen Mönches mit Doktorhut und in mächtig ausbauschender Kutte über der »Lutherrose«, die er sich 1516 aus Teilen des Familienwappens zum Siegel zusammengestellt hatte, wird von dem Rahmenwerk wie durch die Linse eines Fernglases vor Augen gestellt. Das in den Kreis gerückte Kniestück, das die Figur im Dreiviertelprofil und in argumentierender Rede zeigt, läßt Luther im Habitus einer jener heiligen Randfiguren erscheinen, wie sie auf Rahmen von Fresken oder Buchillustrationen, hier *(Abb. 4)* auf der Randleiste zu dem Holz-

4 *Heiligenbildchen: Die Muster für das erste Lutherbildnis. Heilige als Randfiguren auf dem Bildnis des Markgrafen von Saluzzo. Holzschnitt.*

schnittbildnis eines italienischen Humanisten vom Jahre 1507, üblich waren. Das Bildnis kündigt also die Rede eines heiligen Mannes an. Seine Physiognomie interessiert noch nicht. Niemand hat in den grob und summarisch umrissenen Zügen dieses Gesichtes eine Ähnlichkeit zu Luther entdecken können. Hier erscheint er als Typus, als ein Mönch, der wie ein Heiliger spricht. Die Umschrift allerdings, deren Lettern in ein kreisrundes Band gefaßt sind, wertet den Anspruch des Bildnisses etwas in Richtung auf ein Siegel oder eine Medaille auf; sie zielt nicht mehr so sehr auf den heiligen Mönch, sondern bekräftigt die Autorität des Augustiners und Wittenberger Doktors. Diese in den Holzschnitt übertragene Medaillenhoheit war damals noch durchaus etwas Seltenes, so daß der Bildkundige möglicherweise beim Anblick dieses ersten Lutherbildnisses sogleich an ein prominentes Gegenbeispiel dachte, das der Augsburger Maler Hans Burgkmair acht Jahre zuvor für das Bildnis des gewaltigen Papstes Julius II. erstellt hatte *(Abb. 5)*. Der Augsburger Stadtschreiber und Humanist Konrad Peutinger hatte Burgkmair Vorlagen für das Bildnis, darunter vielleicht eine italienische Bildnismedaille, beschafft. Burgkmair entwickelte daraus einen der frühesten Farbholzschnitte und lagerte das medaillenförmige Kreisrund einem quadratischen Rahmen ein. Ein solcher Außenrahmen umgibt als Hochrechteck auch das Medaillonbildnis Luthers von 1519.

Wenn es damals jemanden gegeben hat, der die Rahmenbeziehungen zwischen diesen beiden Holzschnittbildnissen bewußt gesehen hat, dann wird er auch bemerkt haben, daß bei dem Lutherbildnis zwischen Rahmen und Figur eine Lücke klaffte. Burgkmair hatte den Papstkopf medaillengerecht ins Profil gesetzt und dennoch die markanten Züge dieses Papstes, den man »il Terribile« nannte, prägnant und plastisch vor einem belebten Untergrund herausgearbeitet; die Kappe erweitert den Hinterkopf fast zu einer Kuppel, die denn auch in den Rand der Legende

*2 Der weltfremde Mönch.*

Ein Sermon gepredigt tzu Leipßgk uffm Schloß am tag Petri unnd pauli ym.xviiij. Jar / durch den wirdigen vater Doctorem Martinum Luther augustiner zu Wittenburgk / mit entschuldigung etzlicher artickel / so ym von etzlichen seiner abgünstigen zugemessen seyn / in der zeit der Disputacion zu Leipßgk gehalten.



Gedruckt zu Leyptzgk durch Wolffgang Stöckel im Jar.1519.

*5 Der weltbewußte Papst. Renaissanceindividuen: – Papst Julius II. 1511. Farbholzschnitt von Hans Burgkmair.*

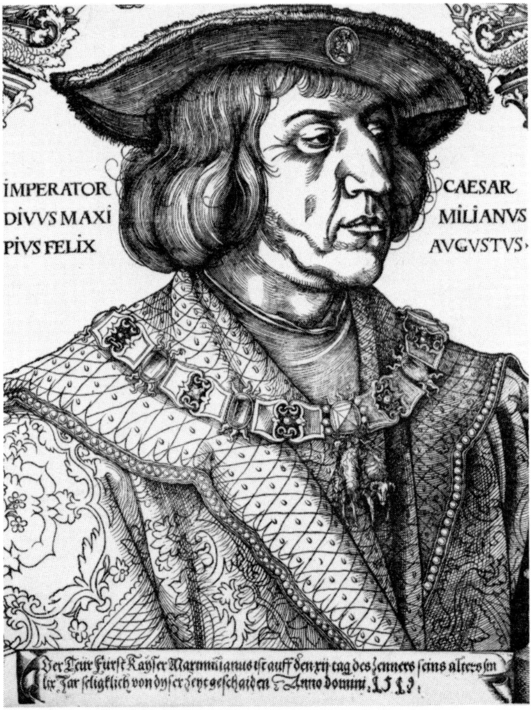


*6 Der weltbewußte Kaiser. Renaissanceindividuen: – Kaiser Maximilian. 1519. Holzschnitt von Albrecht Dürer.*

übergreift und dort die Worte auseinanderdrängt. Der Papst, der den Bau jener Peterskirche in Gang gesetzt hatte, den sein Nachfolger, wie Luther in seinen Thesen sagte, »mit Haut, Fleisch und Knochen seiner Schafe«, weiterzubauen gedachte, dieser Papst ist hier von Burgkmair für das deutsche Publikum so ins Bild gebracht worden, daß man sich eine Vorstellung von der Energie eines italienischen Renaissanceindividuums bilden konnte. Demgegenüber verharrt das erste Lutherbildnis in einer illustrativen, spätmittelalterlichen Zagheit, die den schmächtigen Mönch einsam in einen leeren Kreis stellt. Dürer hat im gleichen Jahr 1519 Kaiser Maximilian, der soeben gestorben war, in einem großen Holzschnitt monumentalisiert

*(Abb. 6)*. Aus solchem Holz schienen die Figuren geschnitzt, die den geschichtlichen Rahmen zu sprengen beanspruchten. Wer damals das harmlose Lutherbildnis neben die Bildnisdrucke anderer wichtiger Zeitgenossen legte, mußte sich sagen, daß hier ein Mönch von vornherein zum wehrlosen Opfer bestimmt war; er mochte sich auch wünschen, daß dem mutigen Mönch aus der Provinzstadt Wittenberg ähnliche Imageschöpfer beispringen sollten wie den Großen auf der politischen Bühne.

## Cranachs erste Entwürfe

Albrecht Dürer hat vielleicht als erster empfunden, daß der Luthersache mit einem angemessenen Bildnis des Reformators ein wichtiger Dienst zu leisten wäre. Jedenfalls geht von ihm der Anstoß dazu aus, daß das Lutherbildnis in die Hand von Könnern geriet.
Im Jahre 1520 hat sich Dürer in einem Schreiben an den humanistischen Geheimsekretär Friedrichs des Weisen, an Georg Spalatin, für die Zusendung reformatorischer Schriften, darunter auch solcher von Luther, bedankt. Spalatin oblag am wittenbergischen Hof das, was man heute die »public relations« nennen würde. Dazu gehörte seit 1517 auch die publizistische Auswertung und Kontrolle der umwälzenden Anstöße, die der hitzige Professor an der neu gegründeten Universität Wittenberg gab. Luthers Thesen erhöhten die Anziehungskraft der jungen Universität, die neue Studenten gut gebrauchen konnte. Doch durfte darüber die ausgewogene und feingesponnene Außenpolitik des

Kurfürsten nicht in Mißkredit geraten. Daß Spalatin Dürer Schriften Luthers zugeschickt hatte, war wohl einer der wohlberechneten Schachzüge, den neuen Ideen bei seriösen Leuten Rückhalt zu verschaffen. In Dürers Dankesbrief an Spalatin findet sich denn auch eines der wenigen Bekenntnisse des Künstlers zu Luther. Er bittet, Luther dem Kurfürsten anbefohlen sein zu lassen, da es um die christliche Wahrheit ginge, an der uns mehr liegen müsse als an allen Reichtümern der Welt. Dann fügt er hinzu: »Und hilft mir got, das jch zw doctor Martinus Luther kum, so will jch jn mit fleis kunterfetten und jn kupfer stechen zw einer langen gedechtnus des kristlichen mans, der mir aws grossen engsten gehollfen hat«.[2] Der Wunsch Dürers, Luther zu konterfeien und in Kupfer zu stechen – ein Wunsch, der nie in Erfüllung gegangen ist –, ergab sich aus der Einsicht, daß noch kein Bildnis vorlag, durch das dem christlichen Mann ein langes Gedächtnis gesichert wäre. Daß Dürer Luther nicht etwa zeichnen oder malen, sondern »in Kupfer stechen« wollte, zielt auf Nutzungsmöglichkeiten dieses Mediums, die Dürer soeben erst erprobt hatte. Sein Bildnisholzschnitt Kaiser Maximilians, der rasch große Verbreitung fand *(Abb.6)*, war Dürers erstes Bildnis in dieser Technik. Soeben auch hatte er sein erstes Bildnis in Kupfer gestochen, und dem Brief an Spalatin legte er drei Abzüge dieses Stiches bei *(Abb.7)*. Es ist der »Kleine Kardinal«, Dürers erstes Bildnis des Kurfürsten und Erzbischofs von Mainz, des Kardinals Albrecht von Brandenburg. Er berichtet an Spalatin, daß er dem Erzbischof nicht nur 200 Abzüge, sondern auch die Druckplatte zugeschickt habe. Das Bildnis sei auf Wunsch Albrechts hergestellt und von diesem gut entschädigt worden.

*7 Dürers Vorgabe für Cranachs erstes Lutherbildnis. Der Erzbischof und Kurfürst von Mainz, Kardinal Albrecht von Brandenburg. 1519. Kupferstich.*

Das Geschäft, in das Dürer eingestiegen war, hat der Geschichte des Bildnisses ganz neue Dimensionen eröffnet. Das gemalte oder skulpierte Bildnis konnte zwar mit einigem Aufwand wiederholt werden, im Grunde aber blieb es ein standortgebundenes Unikum. Schon im 15. Jahrhundert hat es gedruckte Bildnisse gegeben, meistens für Bücher. Wenn Herrscher ihr Bildnis vervielfältigt haben wollten, ließen sie es gewöhnlich in Medaillen prägen. Daß Fürsten ihr Bildnis im billigen Medium der Drucktechniken gemein werden ließen, gab der Bildnispolitik der Herrscher eine neue Qualität. Im späteren 15. Jahrhundert, vornehmlich im Zusammenhang der Türkengefahr, waren von den Höfen, nicht zuletzt von Kaiser Maximilian, Flugschriften und -bilder ausgegeben worden. Sie zielten nicht mehr nur auf die verfassungsmäßig zuständige Öffentlichkeit, die Stände, sondern vor allem auf eine breitere Öffentlichkeit, die auch durch den »gemeinen Mann« vertreten war. Jetzt gaben die Fürsten auch ihr Bildnis in dieses Medium ein; der »Landesvater« sucht sein Bild in die Herzen der Untertanen, wo bisher nur Christus-, Maria- und Heiligenbilder Platz hatten, einzusenken. Obwohl wir über die praktische Verwendung solcher Druckerzeugnisse wenig wissen, ist denkbar, daß das Bildnis des Fürsten in Amtsstuben, Schulen und Privathaushalten an die Wand geheftet wurde. Das von Künstlern feilgebotene Fürstenbildnis war eines der Mittel, mit denen neuzeitliche Fürsten ihre Machtposition über die überkommenen Stände hinweg auf breitere Gesellschaftsschichten gründen wollten.

Dürer also hat mit seinem Wunsch, Luthers Bildnis zu stechen, und mit seiner Beigabe von drei Abzügen des »Kleinen Kardinals« dem zuständigen Mann am Hofe Friedrichs des Weisen den Tip gegeben, für die reformatorischen Belange doch das wirksame Medium des Bildnisdruckes einzusetzen. Spalatin scheint den Wink sogleich verstanden zu haben, denn in unmittelbarer Reaktion auf Dürers Sendung setzt sich der Hofmaler in Wittenberg, Lucas Cranach, daran, sein erstes Luther-Bildnis in Kupfer zu stechen *(Abb. 11)*.

Cranach, seit 1505 bestallter Maler am Wittenberger Hof, hatte schon vor Dürer den Bildnisstich gepflegt und bereits 1509 ein Bildnis Friedrichs des Weisen herausgebracht *(Abb. 8)*. Die mächtige Gestalt dieses Fürsten wird mit feinen, engliegenden Strichlagen, wie durch ein Wech-

8 *Durch den Kupferstich wird das Bild des Fürsten verbreitet. Cranachs erster Bildnisstich – Kurfürst Friedrich III., der Weise. 1509. Kupferstich.*

7 *Dürers Kardinal Albrecht, Kupferstich, 1519 . . .*

9 . . . *und Cranachs Variante, Kupferstich, 1520.*

selspiel von hellen und dunklen Flecken, mühsam aufgebaut. An Dürers »Kleinem Kardinal« *(Abb. 7)* konnte Cranach nun lernen, eine Figur vom Umriß, also von einem anschaulichen Begriff her zu erfassen, so daß eine sparsame Binnenzeichnung die Charakteristika prägnant bezeichnen konnte.

Lerneifrig nimmt sich Cranach Dürers Bildnis des Mainzer Erzbischofs vor und fertigt danach eine um zwei Zentimeter (16,8 × 11,5) vergrößerte Kopie an *(Abb. 9)*. Doch müssen auch Anweisungen Spalatins vorgelegen haben, denn Cranach führt einige Änderungen ein, die nicht nur dessen Alter auf dreißig Jahre aktualisieren, sondern auch dessen Charakter merklich beeinflussen. Dürer hatte den Oberkörper hinter einer Inschrifttafel aufgebaut, ihn kantig und hager zum Unterbau eines Kopfes ausgestaltet, dessen Augen über der streng vertikalen Vorhangstange ernst herausblicken, so daß das Gesicht eine Würde gewinnt, die dem Anspruch von Wappen und langer Titulatur gerecht zu werden sucht *(Abb. 7)*.

Aus diesem seriösen Kirchenfürsten ist bei Cranach ein etwas apathischer Jüngling geworden. Der Rahmen mit Inschrift und Tafel, die dem Bildnis Denkmalwürde geben sollen, ist aus Dürers Vorlage genau übernommen. Trotz des größeren Formats erscheint bei Cranach ein Oberkörper mit schmalen, flach ausgerundeten, hängenden Schultern. Das wellige Haar ist glatt geworden. Über einem herausdrängenden Bauch sind die Knöpfe des Mantels aufgegangen. Bei Dürer reckt sich die Gestalt an der Geraden, die über den Mantelverschluß und das Gesicht bis in den Hut verläuft, aufrecht entlang, während Cranach um die hängenden Wangen des Kardinals einen Anflug von müder Gleichgül-

*7 Der seriöse Kardinal Dürers.*

9 *Der ermüdete Kardinal Cranachs. Das Gegenbild zu Dürers Kardinal. Bildnis des Erzbischofs und Kurfürsten von Mainz, Kardinal Albrecht von Brandenburg. Kupferstich.*

tigkeit legt, so als habe man ihn soeben geweckt.

Die Forschung, soweit sie die Kopie nicht für eine Gehilfenarbeit hält, erklärt diese auffälligen Unterschiede gern mit dem künstlerischen Unvermögen Cranachs, der hier ungeübt an ein Stechwerk gegangen sei: »Während der Stecher die Gesamtordnung beibehält, offenbaren die geringfügigen Unterscheidungen die Kluft zwischen dem Meisterstich und der unempfindlichen Nachahmung, die bis in die Typographie hinein wahrzunehmen ist. Aus dem grundsätzlichen Mangel an genauer, körperbildender Zeichnung, an geordnet-abgestuftem Licht-Schatten-Relief, kurz an Habitus geistig-sinnvoll wirkender Figur, folgen alle anderen, nicht glücklich getroffenen Unterschiede: das Wegrücken aus dem Licht, die gleichförmige Rundung des Schulterkonturs, das Schließen des Kragens und unbegründete Öffnen des Mantels mit den Knopfpaaren; in der Höhe wird der Wappenlöwe hinter dem Barett ebenso fortgelassen wie die Quasten des Kardinalhutes, dessen Scheitelsteg nicht mehr die kräftige Wirkung zeigt, das ›Brandenburgensis‹ aus dem Schriftblock zu drängen.«[3]

Die Technik Cranachs ist gewiß weniger vollkommen als die Dürers, doch aus Unvermögen glättet man keinen Schulterkontur, schließt man keinen Kragen, läßt man einen Mantel nicht aufspringen oder verdeckt man keinen Wappenlöwen.

Der Qualitätsabstand bietet auch deshalb keine Erklärung, weil ein anderer Bildnisstich, den Cranach gleichzeitig herstellte, immer zu den Spitzenleistungen deutscher Bildnisgraphik gerechnet wird. Dieses erste Lutherbildnis Cranachs *(Faltblatt)* ist deutlich in Analogie, wahrscheinlich sogar als Pendant zu dem Dürer abgesehenen Stich des Kardinals Albrecht entstanden *(Abb. 9)*. Die Differenz im Format – der Albrechtstich mißt 16,8 × 11,5 cm, der Lutherstich 13,8 × 9,5 cm – behindert ein Gegenstückverhältnis nicht. Jedenfalls ist der Entstehungshergang deutlich: Nachdem Dürer dem Spalatin seinen Wunsch mitgeteilt hatte, bei Gelegenheit ein Lutherbildnis zu erstellen und als Beleg seines Könnens einen Bildnisstich Albrechts beigelegt hatte *(Abb. 7)*, ging Cranach daran, die Bildnisse der beiden Kontrahenten zu stechen. Albrecht von Brandenburg ist als Erzbischof von Mainz der Adressat von Luthers 95 Thesen und der eigentliche Gegenspieler des Reformators gewesen.

Daß sie zusammen zu sehen sind, darauf verweist die gleiche Anlage der Brüstung mit Inschrift, die Cranach bei Luther mit einem waagerechten Parallelstrich zu einer richtigen steinernen Platte monumentalisiert. Dem jungen, aber schon energielosen Erzbischof, Kardinal und Kurfürsten aus Mainz, an dem Falten und Formen müde herabhängen, und von dem auf der Tafel, wie bei Dürer, versichert wird, daß seine Augen, seine Wangen, seine Mundwinkel tatsächlich so aussahen – diesem hochdekorierten Kirchenfürsten *(Abb. 9)* wird gegenübergestellt das Bildnis des jungen Mönches aus Wittenberg: Barhäuptig, unverhüllt, geradeheraus; der markante Kopf, ebenfalls im Dreiviertelprofil, ragt über einer Brust, die durch den Schulterkragen der Kutte wie zu einer Büstenform zusammengefaßt ist, welche sich als solche ausdrücklich von der Kante der Inschriftplatte abhebt *(Faltblatt)*. Hingen beim Kardinal Schultern und Formen müde herab und legte sich ihm der Kragen in gemächlichen Falten um den Hals,

9 *Der Stichel arbeitet die Formen des Gesichts energisch heraus.*

so schießen sie über der Brust des Mönches unruhig hin und her und bündelt sich der Kragenausschnitt mit der zurückgeschlagenen Kapuze zu einer demonstrativen Energieform, aus der Hals und Kopf ruckartig hervorspringen. Tupft der Stichel über das Gesicht des Kardinals leichte Schatten, welche die aufgeschwemmte Backe zerfließen lassen, so zeichnet er bei Luther die Bestandteile des Gesichts in Bogenschwüngen heraus, festigt das Gesicht durch Kreuzschraffen, die sich vom Hals bis unter das Jochbein wie zu einer Narbe verdichten. Es ist ein Charaktervergleich zwischen dem Erzbischof, der die Luthersache hinhaltend zu behandeln suchte, und dem Mönch, der soeben die päpstliche Bannandrohungsbulle empfangen hat, die er im Dezember des gleichen Jahres 1520 verbrennen wird. Cranach hat zur gleichen Zeit seine protestantische Bildpolemik ganz auf solche moralischen Antithesen aufgebaut.

Ob die beiden Stiche als Pendants konzipiert sind oder nicht, muß letztlich offen bleiben; sicher aber ist, daß das erste Bildnis des Reformators, das Anspruch auf Ähnlichkeit stellte, diese Ähnlichkeit an dem Bildnis eines hochgestellten Rivalen maß und entsprechend steigerte; es ist ein heroisierter Luther, der dem Erzbischof standzuhalten hat. Dabei mögen die freundschaftlichen Beziehungen Cranachs zu Luther eine Rolle gespielt haben; im gleichen Jahr war Luther Taufpate von Cranachs Tochter geworden, und fünf Jahre später wird Cranach Luthers Trauzeuge, dann auch Pate eines seiner Kinder. So sehr persönliche Sympathie in die Gestaltung des Bildniskopfes mit eingeflossen sein kann, so deutlich ist doch der Kopf abgehoben und in eine Sphäre entrückt, die eine persönliche Nähe kaum zuläßt.

11 *Die Inschriftplatte schließt noch wie bei Dürer mit einer einfachen Linie ab. Erster Zustand des Lutherbildnisses von Lucas Cranach.*

Dieses Bildnis gilt seit langem als authentisches Zeugnis für das Aussehen des echten, eigentlichen jungen Luther. Alles, was den Reformator aufgewühlt haben mag, wird in das Bildnis hineingesehen: »Das Bild des von Nachtwachen erschöpften Augustinermönchs«, so charakterisiert Wilhelm Worringer den Stich, »Unter den mächtigen Stirnwulsten liegen, wie kranke Tiere in tiefen Höhlen, die Augen mit dem verschleierten scheuen Blick, in dem heimlich noch die Asche schmerzlicher Verzückung glüht«.[4] Dieses nachmals so populäre und vertraute Bildnis jedoch ist damals nicht ausgeliefert worden. Anläßlich der großen Cranachausstellung in Basel 1974 ist festgestellt worden, daß nur drei

12 *Die Inschriftplatte wird plastisch; ein Schüler hat einen Kopf hinzugesetzt. Zweiter Zustand des Lutherbildnisses von Lucas Cranach.*

zeitgenössische Drucke des Bildnisses nachweisbar sind. Es sind dies zwei Probedrucke eines ersten Zustandes *(Abb. 11)*, die in Wien und Washington aufbewahrt werden, und die die Inschriftplatte, wie in Dürers »Kleinem Kardinal«, noch mit einer einfachen Linie abschließen lassen. Ein weiterer Probedruck *(Abb. 12)*, von dem sich nur ein Exemplar in Weimar erhalten hat, zeigt die zweite Waagerechte und die kurzen Vertikalschraffen über der Schrift, die die Inschrifttafel zu einer Platte verstärken; zusätzlich erscheint in der oberen Ecke links der Kopf eines bärtigen Mannes, von dem aus gegen Luther Strahlen gerichtet sind – wahrscheinlich die

Zutat eines Werkstattgenossen Cranachs. Dieser Kopf ist für den endgültigen Zustand gelöscht, doch bleiben Spuren von ihm erkennbar. Von diesem letzten Zustand *(Faltblatt)* gibt es etwa dreißig Abzüge aus dem 16. Jahrhundert, doch die meisten Papiere, denen sie aufgedruckt sind, weisen Wasserzeichen auf, die in die Jahrzehnte um 1570 zu datieren sind. Auch die auffällige Tatsache, daß es keine Kopien dieses Cranachbildnisses von Luther gibt, läßt den Schluß zu, daß dieses berühmteste aller Lutherbildnisse zu seiner Zeit weder ausgedruckt noch ausgeliefert wurde.

Dieter Koepplin, der diese Ergebnisse mitgeteilt hat, vermutete, daß die Veröffentlichung des Bildnisses von Spalatin »anscheinend geradezu verhindert wurde«, und daß sich »hindernd offenbar genau das auswirkte, was wir heute bewundern: die physiognomische Prägnanz und künsterlische Ökonomie, die Absenz aller leeren Äußerlichkeit«.[5] Für den Hof also hätte Cranach durch dieses Bildnis die reformatorische Angelegenheit zu sehr auf einen Kopf, auf eine individuelle Handlung abgestellt, zu sehr, vielleicht, auf einen »Dickkopf«. Diese Cranachsche Deutung, welche auch die sächsische Politik auf den Willen eines einzelnen Mönches verpflichtet hätte, war weder diplomatisch noch opportun, denn es stand, nach der schwierigen Wahl Kaiser Karls V., der Wormser Reichstag bevor, auf dem die Luthersache nach den Vorstellungen Friedrichs des Weisen gütlich geregelt werden sollte. Dazu bedurfte es neben einer Kompromißbereitschaft Luthers auch der Hilfe des Mainzer Erzbischofs, der für die Forderungen Luthers immer noch ein gewisses Verständnis aufbrachte. Spalatin hat deshalb noch 1521 eine Schrift Luthers gegen den Ablaßhandel des Erzbischofs unter dem Titel »*Wider den Abgott zu Halle*« zurückgehalten. Vielleicht hat der Hof auch Cranachs erstes Lutherbildnis zurückgehalten *(Faltblatt)*, weil es in Vergleich gebracht war zu dem Bildnis des Erzbischofs von Mainz *(Abb. 9)* und dieser Vergleich dem feist-genießerischen Kardinal einen asketisch-wahrhaftigen Mönch gegenüberstellte. Ein brauchbares, dem wittenbergischen Hof dienliches Bildnis Luthers durfte offenbar nicht den Anschein erwecken, als suche mit der Reformation ein wacher Geist seinen Kopf durchzusetzen, sondern mußte, umgekehrt, den Reformator in einer konventionellen Rolle zeigen, damit seine Ideen auf dem bevorstehenden Reichstag für alle einsichtig und verhandelbar waren. Cranach hat dieses Rollenbild Luthers umgehend geliefert.

13 *Der sanfte, gesprächsbereite Luther, wie ihn der Hof für Worms brauchte. 1520. Kupferstich von Lucas Cranach.*

Das zu seiner Zeit populärste Lutherbildnis Cranachs *(Abb. 13)*, das immer wieder gedruckt, kopiert und variiert worden ist, erscheint heute eigentlich nur noch in der Fachliteratur oder in illustrierten Reformationsgeschichten. Es unterscheidet sich so sehr von dem ersten, nicht ausgegebenen Lutherbildnis Cranachs *(Faltblatt)*, daß man um 1900, als man noch an die ungebrochene Identität des schöpferischen Künstlers glaubte, die Autorschaft Cranachs in Zweifel zog. »Da nun beide Stiche sicher in demselben Jahre und zwar sehr wahrscheinlich in keinem großen zeitlichen Abstand von einander entstanden sind, ist es schon dadurch beinahe ausgeschlossen, daß beide von derselben Hand sein können, d. h. daß Lucas Cranach auch das Bildnis mit der Nische, das ja vom künstlerischen Standpunkt aus eine Verschlechterung des Urbildes bedeutet, gestochen haben könne. So etwas macht kein Künstler und hat keiner je gemacht.«[6] So hat Eduard Flechsig sich den

13 *Die vom Hof propagierte zweite Version, die den milden Luther vor eine Nische setzt, Kupferstich, 1520.*

Abstand zwischen den beiden unmittelbar einander folgenden Werken erklärt: Es konnte nicht dieselbe Hand am Werke gewesen sein. Diese Meinung hatte lange Gültigkeit, doch die jüngere Forschung hat den Bildnisstich wieder rehabilitiert, so daß er für die Beurteilung von Cranachs Lutherbild die gleiche Aufmerksamkeit verdient wie der heute zugänglichere erste Bildnisentwurf.

Da der Stich sogleich eine weite Verbreitung fand, darf man davon ausgehen, daß es das offizielle Bildnis war, das der Wittenberger Hof dem Publikum unterbreitet wissen wollte.

Dem Bildnis bleibt die Inschrifttafel erhalten, wenn auch die monumentalisierte Oberkante wieder auf eine einfache Linie zurückgenommen und die Tafel insgesamt zu einer Leiste verschmälert ist, wodurch der Oberkörper bis zur Gürtellinie sichtbar werden kann. Der Mönch erscheint nicht mehr zeitlos wie eine metallische Büste vor neutralem Hintergrund *(Faltblatt)*, sondern hinterfangen von einer Nische, deren Schattenpartien dem Gesicht die bewegten Linienzüge entzogen haben, so daß dieses in einem milden Licht verklärt erscheint. Raum- und Zeitkategorien sind bereitgestellt, um den Mönch tätig zu zeigen: Der Oberkörper bekommt zwischen Nische und Inschriftplatte einen Aktionsradius abgesteckt, und der tiefere Ausschnitt erlaubt es, Luther die Bibel in die Hand zu geben. Aus ihrer Lektüre ergibt sich der Himmelsblick, den die Linke gestisch begleitet. Es ist ein meditativ eingestimmter Luther, der nicht schon weiß, sondern erwägt, argumentiert und wohl auch zweifelt. Während der Backenkontur vom ersten Bildnis fast unverändert übernommen wird, ist die Kinnpartie etwas aufgefüllt, der Mund etwas weniger verkniffen, die Augen etwas weiter geöffnet, das Ohr etwas weniger ausgeformt, die Gesichtslandschaft insgesamt nicht mehr knochig und muskulös durchgebildet, sondern alle Spannung in eine erleuchtete Hingebung aufgelöst. Entspannung auch im Faltenwerk: die Kapuze ist nicht mehr aus der Kutte zur energischen Schlaufe entwickelt, sondern sinkt zu gemächlichen Falten in sich zusammen, und die Strichlagen flackern nicht mehr unruhig, sondern in zusammenströmenden Bahnen über den Schulterkragen.

Diesen mild und friedlich gestimmten, gesprächsfähig gehaltenen frommen Mann wollte der Wittenberger Hof vor dem Wormser Reichstag präsentiert sehen. Die Luther durch dieses Bildnis zugedachte Rolle läßt sich präzisieren, denn das Bildnis ist ausgestattet mit einigen Attributen, welche die Person Luthers einem übergeordneten Sinn zuweisen. Das auffälligste dieser Motive ist die Nische. Sie ist eine allgemeine Würdeform, aber den Zeitgenossen von Altarflügeln her auch als Hintergrund für Heiligen- und Evangelistenfiguren vertraut. Auf Altären treten die Heiligen in ähnlicher Devotionshaltung, mit den leicht erhobenen Augen, mit dem Demutsgestus gegen die Brust, vor das Andachtsziel hin *(Abb. 14)*; auch die Heilige Schrift gehört zu den geläufigen Attributen von Heiligen. Es ist möglich, daß diesem Heiligengebaren auch solche eines Gelehrten beigemischt sind, wenn auch gewiß nicht in der Ausschließlichkeit, wie es im Katalog der Nürnberger Lutherausstellung 1983 dargestellt wird: »Das in kleinteiliger Fältelung wiedergegebene Ordensgewand des Augustinermönchs kennzeichnet den Träger zugleich als Angehörigen der theologischen Fakultät, das aufgeschlagene

14 *Das Heiligenschema, das Cranach in seinem Lutherbildnis anklingen läßt. Meister der Ursula-Legende: Der hl. Marcus vor einer Nische.*

Buch und die im Redegestus erhobene Hand verweisen auf den dozierenden Gelehrten.«[7] Zwar hat der Wittenberger Hof gerne darauf hingewiesen, daß sein Schutz dem Bibelgelehrten und Professor der Universität gelte, aber für eine breitere Öffentlichkeit hat man doch Luther, über dem seit dem 3. 1. 1521 der päpstliche Bann verhängt war, ausdrücklich in das Licht einer heiligen Nachfolge Christi gestellt. Unter dem Titel *»Ain schöner neuer Passion«* wird 1521 Luthers Weg nach Worms bis in Einzelheiten mit dem Leidensweg Christi verglichen. Luther selbst, aber auch Friedrich dem Weisen waren solche Analogien nicht fremd.[8] Besonders die Künstler haben Luther bald mit altüberlieferten, höchsten Sakralsymbolen ausgerüstet. Als erster hat vielleicht Erhard Schön in einem

Medaillonbildnis mit einer Variante des Cranachbildnisses die Taube des Heiligen Geistes, die auf Altären auch den Kirchenvater Gregor den Großen zu inspirieren pflegte, mit Luther in Verbindung gebracht *(Abb.15)*. Unmittelbar nach dem Erscheinen des Cranachbildnisses hat auch Baldung Grien die Taube über Luthers Haupt schweben lassen und diese Sakralisierung noch verstärkt dadurch, daß er an die Stelle der Rundbogennische einen Glorienschein setzte *(Abb.16)*. Gleichzeitig bindet er den Gestus stärker an das Buch, das die Quelle der selbsterarbeiteten Erleuchtung ist. Bei Hieronymus Hopfer ist die Heiligung Luthers fast schon zur

*15 Über Luther die Taube des Heiligen Geistes, Erhard Schön zugeschriebener Holzschnitt, 1519/20.*

Martinus Luther ein dyener Jhesu Christi/vnd ein widerauffrichter Christlicher leer.

*16 Luther wird heilig, Baldung Grien, Holzschnitt, 1521.*

*17 Luther wird andachtsfähig, Hieronymus Hopfer, Kupferstich, um 1521.*

religiösen Ikone gesteigert *(Abb. 17)*. Während des Wormser Reichstags hat der päpstliche Legat Aleander sein Entsetzen darüber geäußert: »So hat man ihn denn auch neuerdings mit dem Sinnbild des heiligen Geistes über dem Haupte und mit dem Kreuz oder auf einem anderen Blatt mit der Strahlenkrone dargestellt: und das kaufen sie, küssen es und tragen es selbst in die kaiserliche Pfalz.«[9]

Wenigstens auf der Ebene der Kunst steht das zweite Cranachsche Bildnis des Reformators *(Abb. 13)* am Anfang des sakralisierten Lutherbildes. Den noch verhalten vorgetragenen Heiligenhabitus in Cranachs Stich haben seine Nachfolger offen herausgekehrt und gesteigert

*(Abb. 16, 17)*. Es war dies eine Rolle, die das Cranachbildnis Luther gewiß nicht ohne Billigung des Hofes und des dort zuständigen Ratgebers, Spalatin, zugewiesen hat. Dieser hat vielleicht dieses Image eher so verstanden wissen wollen, daß mit Luther ein reiner Geist und ein demütig bescheidener Mönch nach Wahrheit suchte. Cranach aber hatte diesen Sinn mit Hilfe altbewährter, volkstümlicher sakraler Muster herausgearbeitet. War sein erster Entwurf an einem modernen Bewußtseinsstand orientiert, der etwa auf der Stufe von Burgkmairs Papstbildnis von 1509 *(Abb. 5)* der persönlichen Überzeugungskraft vertraute, so schwenkte sein zweites Lutherbildnis eher auf einen Bewußtseinsstand ein, wie er durch das allererste Lutherbildnis *(Abb. 2)* vertreten ist, und der eine persönliche Erkenntnisleistung nur im Kleide konventionalisierter Schemata für mitteilbar hält. Cranachs Nachfolger und Nachahmer haben die Person Luthers dann vollends in den altüberlieferten Rahmenformen religiösen Bildkultes aufgehen lassen und dadurch »der breiten Masse den Übergang von den spätmittelalterlichen Kultgewohnheiten zum neuen Glauben erleichtert«.[10]

Diese Wandlungsfähigkeit des Lutherbildnisses, die Tatsache, daß Cranach aus dem Stand Luther zwei sehr unterschiedliche Gesichter geben konnte, wirft eine Reihe von Problemen auf. Von dem versierten Hofmaler Cranach konnte man ohne weiteres erwarten, daß er gleichzeitig ein und dieselbe Person in verschiedenen Rollen darstellte; seit langem ließen sich Fürsten als Heilige oder als Herkules verkleiden, je nachdem, mit welchen Zielen sie sich den Untertanen vorgestellt sehen wollten *(Abb. 28, 29)*. Im Falle Luthers jedoch muß die Anwendung dieser

Technik verwundern. Denn zunächst hatte Luther grundsätzlich die religiöse Bildnutzung in Frage gestellt, später wenigstens eine didaktische Verwendung toleriert. Es müßte ihm aufgefallen sein, daß er durch die Bildnisse seines Gevatters Cranach in die Zone jenes Bildglaubens geriet, den er theoretisch außer Kraft zu setzen suchte. Darüber hinaus stellt sich die Frage, ob die Rückverwandlung seiner Person zum Heiligen nicht doch den Kern seines theologischen Ansatzes berührte. Es ist zwar noch immer umstritten, ob Luthers Theologie durch die Vorstellung von einem persönlichen Gott die neuzeitliche Subjektivität mit entfesseln half, oder ob er durch die Rückbindung des persönlichen Heils an die Gerechtigkeit und Gnade Gottes jene Subjektivität nicht eher in einem mittelalterlichen Sinne wieder abgeschnürt hat. Doch ist unbestritten, daß sich Luther in sehr persönlicher und unverwechselbarer Weise seine Glaubenspositionen erkämpft und sie gegen mancherlei Anfechtungen aus der Glaubenstradition und aus deren institutionellen Ausprägungen auch durchgehalten hat. Gleich nach dem Wormser Reichstag hat Luther Lucas Cranach über den Verlauf des Verhörs berichtet: »So ist nichts mehr hie gehandelt denn so viel: Sind die Bücher dein? Ja. Willttu sie widerrufen oder nicht? Nein. So heb dich! O wir blinden Deutschen, wie kindisch handeln wir und lassen uns so jämmerlich [durch] die Romanisten [die Römer] äffen und narren!«[11] Das ist die kurze Wiedergabe eines weltgeschichtlichen Momentes, der ganz auf das persönliche Wissen und Gewissen abgestellt ist; kein Vergleich mit christlichen Heiligen und Märtyrern, keine Überhöhung der Situation, sondern knapp und nackt die persönliche Entschiedenheit ins Licht gestellt. Mußte da Luther nicht aufgefallen sein, daß sein Malerfreund ihn soeben der Welt ganz anders vorgestellt hatte?

Es scheint so, als habe Cranach für die Formulierung und Lösung dieser Problematik auf seinen Bildnisstichen eigens einen Platz freigehalten: die Inschrifttafel. Formal ist die vorgeblendete Platte, die seit van Eyck nach römisch-antiken Vorgaben für Bildnisse verwendet werden kann, von Dürers »Kleinem Kardinal« übernommen *(Abb. 7)*. Dürer versichert in der Inschrift, daß er das Aussehen des Mainzer Erzbischofs genau wiedergegeben habe. So einfach macht es sich die Inschrift bei Cranach nicht (Faltblatt). Das lateinische Distichon lautet:

AETHERNA IPSE SUAE MENTIS SIMULACHRA LUTHERUS EXPRIMIT AT VULTUS CERA LUCAE OCCIDUOS

(»Die unvergänglichen Abbilder seines Geistes bringt Luther selbst hervor, seine sterblichen Züge jedoch das Wachs des Lucas«).

Zunächst bietet das Distichon einen alten Gemeinplatz, daß nämlich der Mensch aus Körper und Seele besteht und die letztere seinen Anteil am Göttlichen ausmacht. Er war auch schon längst für das Kunsturteil verwendet worden. So fragt sich Cicero angesichts der Tatsache, daß viele große Männer Statuen und Bildnisse von sich anfertigen lassen, ob es, da diese »keine Abbilder der Seelen, sondern der Körper sind«, nicht sinnvoller sei, »ein Bildnis unserer Seele und unseres Charakters« zu hinterlassen, die mit Hilfe unserer besten Begabungen zu gestalten und zu bearbeiten wären.[12] In diesem Sinne hatte eine auch an Spalatin gesandte Bildnismedaille des Erasmus von Rotterdam, die 1519 von Quentin Massys entworfen worden war *(Abb. 18)*, inschriftlich verkündet, daß das Bild »nach dem Leben geschnitten sei«, daß aber des

Erasmus Schriften »das bessere Bild zeigen«.[13] Trotz dieser gelehrten Erinnerungen hat die Cranachsche Inschrift einen Akzent, der so vorher nicht nachweisbar ist: Es heißt ja bei Massys nur, daß das geistige Bild, das sich aus den Büchern ergibt, »besser« sei als das körperliche, wogegen in Cranachs Inschrift das Abbild der Seele, dank Luthers eigener Leistung, Ewigkeitswert gewonnen hat. Das Seelenbild ist also schärfer, unverknüpfbar dem körperlichen entgegengestellt. Und die Seele ist nicht schon als solche, sondern durch Luthers Eigenleistung ewig. Auf der Erasmusmedaille bleibt der Künstler unbehelligt, da er sein Bildnis getreu nach dem Leben gemacht hat und er nichts dafür kann, daß der Persönlichkeitseindruck, der sich aus den Schriften ergibt, besser ausfällt. Das Distichon bei Cranach dagegen setzt das »Lutherus ipse« selbstbewußt gegen die »cera Lucae« ab, die bescheiden bei der sterblichen Hülle verbleiben muß. Daß nicht vom Griffel oder Stift, sondern vom »Wachs« (cera) des Cra-

18 *Die Inschrift sagt, daß Erasmus' Bücher besser seien als sein Gesicht. 1519. Bronzemedaille nach Entwurf von Quentin Massys.*

nach die Rede ist, bleibt dennoch merkwürdig. »Cera« bezeichnet im alten Rom eine wachsüberzogene Schrifttafel, in der enkaustischen Malerei auch die wachsdurchsetzte Farbe, sodann aber auch das Material der üblichen Wachsbildnisse. Plinius spricht von den »expressi cera vultus«, von den Ahnenbüsten aus Wachs, die man in Schränken aufbewahrte. Geläufig war auch die Metapher, daß wir eine Sache oder einen Menschen »wie Wachs« nach unsern Absichten formen.[14] So könnte in der eigentümlichen Formulierung mitschwingen, daß Luthers äußerliche, sterbliche Züge in den Händen des Lucas Cranach wie Wachs gestaltbar sind. Während Massys und Dürer darauf bestehen, daß sie das körperliche Bild getreu wiedergeben, klingt in Cranachs Inschrift eine Lizenz mit, die dem Künstler eine freie Verfügung über die körperliche Erscheinung überläßt. Über die alte Dichotomie zwischen Körper und Geist hinausgehend, wird für die innere, geistige Gestalt Luther selbst verantwortlich gemacht, während für die äußere, sinnliche Erscheinung der bildende Künstler, Lucas Cranach, zuständig ist. Man möchte annehmen, daß diese subtilen Unterscheidungen das Ergebnis von Diskussionen mit einem bedenklichen Luther gewesen sind. Dieser wird durch die Inschrift von der Verantwortung für sein Gesicht entlastet. Er verweigert dem Bildnis die Autorisation, indem er sich auf sein geistiges Leistungsbild zurückzieht.

Wir wissen nicht, wer das Distichon entworfen hat, doch es ist uns ein Vorgang überliefert, der Rückschlüsse auf die Umstände erlaubt, unter denen es zustande gekommen sein könnte:

Am 7. März des Jahres 1521 schreibt Luther an Spalatin, der sich mit Friedrich dem Weisen bereits in Worms aufhielt, Lucas Cranach verlange von ihm, daß er, Luther, die beiliegenden Bilder mit einer Unterschrift versehe und an ihn, Spalatin, weiterschicke; er solle sich doch darum kümmern: »Has effigies iussit Lucas a me subscribi et ad te mitti: tu eas curabis«. Es ist nicht wahrscheinlich, aber doch auch möglich, daß es sich um die beiden ersten Bildnisstiche von Luther gehandelt hat, die die gleiche Inschrift tragen *(Faltblatt, Abb. 13)*.[15] Luthers Bescheid: »tu eas curabis«, besagt, daß er selbst auf die Beschriftung verzichte, jedenfalls die endgültigen Maßnahmen in die Hand des Spalatin lege. Luther bekundet eine merkwürdige Gleichgültigkeit gegenüber seiner Erscheinung im Bildnis. Auch wenn nicht er selbst, sondern Spalatin, die Beischriften zu Cranachs Bildnis geliefert hat, so konnte Luther darin doch etwa folgenden Vorbehalt enthalten finden: Mit meinem Gesicht, mit meiner Physiognomie könnt ihr machen, was ihr wollt; sie steht zur Disposition und kann nach Maßgabe der weltlichen Handlungszwänge gestaltet werden – wenn nur meine geistige Person, mein inneres Ich, mein privates, persönliches Gewissen davon unberührt bleibt.

Luther konnte sich gegenüber den Verwertungsstrategien, die sein Gesicht nach aktuellen Bedürfnissen modellierten, gleichgültig verhalten, weil er sein inneres Ich, seine Seele bei sich und vor Gott rein und unsterblich wußte. Dieser Rückzug des Subjekts in ein inneres Reich, der das äußere Reich seiner eigenen Gesetzlichkeit überläßt, und den man eine individualpsychologische Konsequenz der Zwei-Regimenter-Lehre nennen könnte, hat sich auf die weitere Entwicklung des Lutherbildnisses vielfältig ausgewirkt, und Lucas Cranach hat auch diese Entwicklung noch eingeleitet.

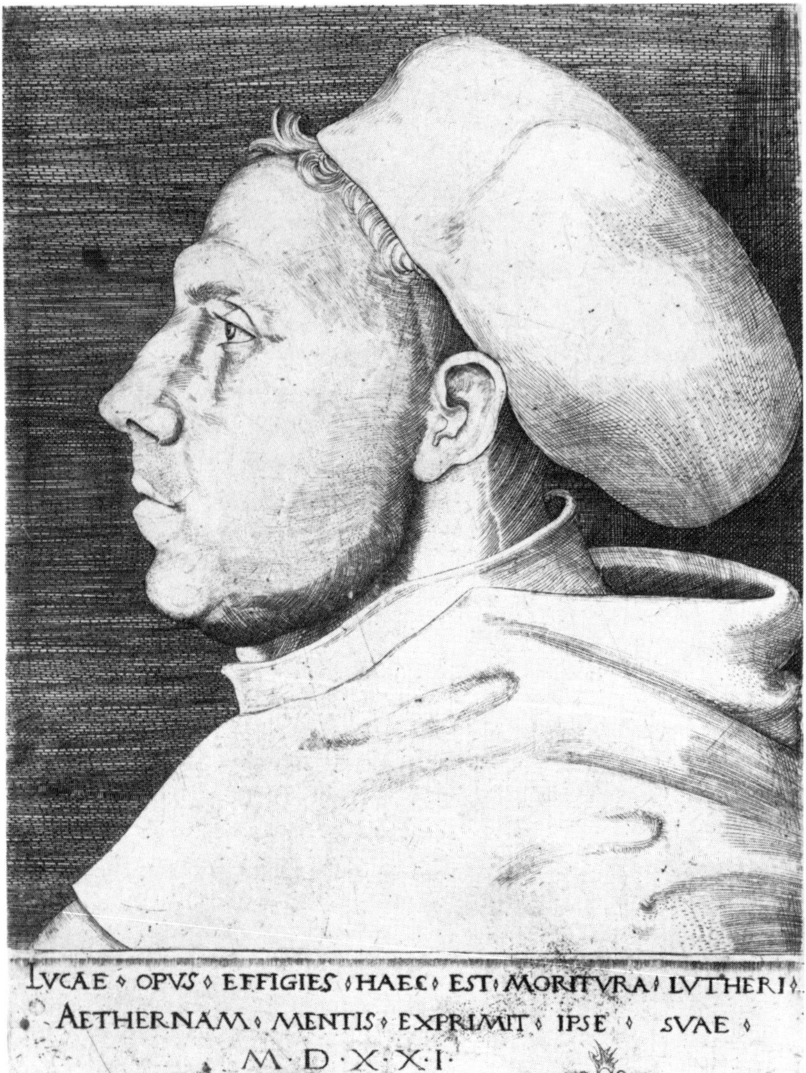


19 *Luther erhaben, im Profil, wie auf einer Medaille geprägt. Das dritte Lutherbildnis von Lucas Cranach – Luther als Mönch mit Doktorhut. 1521. Kupferstich.*

# Der vielköpfige Luther

Das dritte im Stich verbreitete Bildnis Cranachs von Luther ist 1521 datiert *(Abb. 19)*. Daß es zum Wormser Reichstag schon vorgelegen hat, muß man nur dann annehmen, wenn die oben zitierte Briefäußerung Luthers gegenüber Spalatin sich auf dieses Bildnis bezieht. Von den beiden vorangegangenen Bildnissen unterscheidet es sich schon dadurch, daß es fast um ein Drittel größer ist (20,8 × 15 cm). Gemeinsam mit ihnen hat es die Inschriftplatte, deren Beschriftung den Sinn der vorangegangenen variiert:

LUCAE OPUS EFFIGIES HAEC EST MORITURA LUTHERI
AETHERNAM MENTIS EXPRIMIT IPSE SUAE
(»Des Lucas Werk ist dies Bild der sterblichen Gestalt Luthers, das ewige Bild seines Geistes prägt er selbst«).

Cranach hat seinen Namen vorgezogen und mit der Wendung »Lucae opus« eine alte Signaturformel aufgegriffen; sie ersetzt die kryptische Wendung »Lucae cera«. Das Bildnis bietet keinen Anhaltspunkt mehr für eine Assoziation mit Wachs. Der Eindruck des Geprägten, Festen legt sich bei diesem Bildnis sogleich nahe. Über dem pyramidalen Unterbau des gewaltigen Oberkörpers erhebt sich das markante Profil des vollrunden Gesichtes, dem der gleich umfängliche Doktorhut, wie bei einer Doppelfrucht, die Waage hält. Die ganze Gestalt ist aus wenigen Volumina, wie aus Steinbrocken, zusammengesetzt. Keine Strichwellen und -bögen differenzieren Einzelformen, etwa Knochen oder Falten, aus; der Stichel hat sich zu klaren Parallelschraffuren diszipliniert, die nur noch dazu dienen, die großen Formgewichte prägnant heraustreten zu lassen. Lediglich das Ohr übernimmt die Rolle eines Scharniers, welches die Volumina des Gesichtes und des Hutes verklammert. Der dunkle, dicht vernetzte Hintergrund gibt dem Bau der massiven Körper einen fast pathetischen Rückhalt. Ganz zu Recht sieht Dieter Koepplin einen »verstärkten idealischen, auf Dauerhaftigkeit gerichteten Monument-Anspruch« zur Geltung kommen.[16]

Dieses Lutherbildnis ist das einzige Profilbildnis, das Cranach je gestaltet hat. Das Profilbildnis rückt den Dargestellten vom Betrachter ab, versagt jeden Kontakt mit ihm. Die hoheitliche Distanz gibt jedem Profilbildnis eine Aura des amtlich Gültigen, wie denn Siegel, Medaillen, Plaketten und Münzen, als die geläufigsten Träger staatlicher Ehrungen und Hoheitsrechte, mit Vorliebe Profilbildnisse zeigen. Die Briefmarken der Bundesrepublik etwa haben die Präsidenten der Republik immer im Profil gezeigt, bis sie ihren ersten »Bürgerpräsidenten« Gustav Heinemann bekam, der erstmals durch eine Brille in die Welt des Betrachters blickt *(Abb. 20, 21)*. Das mag das Gewicht belegen, das Cranachs Wahl des Profils für sein drittes Lutherbildnis gehabt haben muß. Der Reformator wird denkwürdig, er rückt ab in die Sphäre der Repräsentanz.

Die Gesellschaft der Personen, die in Deutschland damals schon im Profilbildnis erschienen waren, war noch klein und exklusiv. In Italien war von Anfang an, seit dem früheren 15. Jahrhundert, auch in der Malerei fast ausschließlich das Profilbildnis zur Anwendung gekommen. Doch wie in den Niederlanden, so herrschte auch in Deutschland das Dreiviertelprofil eindeutig vor. Der erste Einbruch des italienischen

20 *Der Präsident im Profil als Würdeform. Briefmarke der Bundespost mit Profilbildnis des Bundespräsidenten Theodor Heuss.*

21 *Der Präsident in Dreiviertelansicht bürgerhaft. Briefmarke der Bundespost mit Dreiviertelprofil des Bundespräsidenten Gustav Heinemann.*

Profilbildnisses in nördliche Regionen geschah bei Gelegenheit der Hochzeit Kaiser Maximilians (1484) mit der Mailänder Prinzessin Bianca Sforza, die Ambrogio de' Predis als Porträtisten an den Innsbrucker Hof mitbrachte. Seitdem kommen auch bei deutschen Malern Profilbildnisse vor; meistens sind es Bildnisse des Kaisers Maximilian.

Die breitere Aufnahme des Profilbildnisses in die deutsche Druckgraphik war erst kurz vor dem Lutherprofil Cranachs erfolgt. Burgkmair, der schon die ersten Medaillenholzschnitte vorgelegt hatte *(Abb. 5)*, hat 1511 in einem schönen Farbdruck den soeben in den Freiherrenstand erhobenen Bankier Jakob Fugger im Profil gegeben *(Abb. 22)*; es ist wohl das früheste, nicht

22 *Eines der ersten Profilbildnisse der deutschen Druckgraphik. Jakob Fugger »des Reichen«. 1511. Farbholzschnitt von Hans Burgkmair.*

*23 Der Kaiser im Profil. Kaiser Karl V. 1520. Eisenradierung von Hieronymus Hopfer.*

mehr unmittelbar die Medaille initiierende Profilbildnis in der deutschen Druckgraphik. Bald danach hat, ebenfalls in Augsburg, Hieronymus Hopfer mit seinen Söhnen damit begonnen, Profilbildnisse der europäischen Hocharistokratie in der ganz neuen Technik der Eisenradierung herauszugeben, wobei er öfter auf italienische Vorlagen zurückgriff. Um 1520 entstand eine ganze Serie solcher Fürstenporträts, darunter auch dasjenige Kaiser Karls V. *(Abb. 23)*. Daniel Hopfer wird später auch Cranachs Profilbildnis von Luther kopieren und ihm einen ausstrahlenden Glorienschein hinterlegen *(Abb. 24)*. Dürer, der seine frühen, italianisier-

*24 Cranachs Luther sakralisiert. Gegenseitige Kopie des Cranachschen Lutherbildnisses mit Strahlenglorie. 1523. Eisenradierung von Daniel Hopfer.*

25 *Dürer lehnt sich in seinem zweiten Stich mit dem Bildnis des Kardinals Albrecht von Mainz an Cranachs drittes Lutherbildnis an. 1523. Kupferstich.*

ten Profilzeichnungen nie in Gemälde oder Graphiken umgesetzt hatte, wird erst 1523 seinen ersten Bildnisstich im Profil vorlegen: Es ist sein zweites Bildnis jenes Kardinals Albrecht von Brandenburg *(Abb. 25)*, den er jetzt deutlich in Anlehnung an Cranachs Lutherbildnis vor dunkel schraffierten Grund setzt.

26 *Das in Medaille umgesetzte Cranachbildnis Luthers. Nach 1521.*

Im Jahre 1521 mußte es noch auffallen, daß Cranach das Bildnis Luthers durch das Profil in eine Reihe mit der hohen Prominenz des Reiches stellte. Der Reformator war von der geistlichen Sphäre in die politisch-staatliche entrückt. Cranachs Stich wird auch bald als Medaille geprägt *(Abb. 26)*. Der Glaubensheld wird zur Autorität auch in weltlichen Belangen.

In einem ersten Zustand dieses Bildnisstiches, der sich in einem einzigen Exemplar in der Veste Coburg erhalten hat *(Abb. 27)*, war der Grund neutral und hell belassen worden, so daß das Gesicht in einer vergeistigten Abwesenheit verharrt, wogegen »im 2. Zustand – mit der dichten Schraffur des Grundes, der an manchen Stellen bekräftigten Schattierung des Gesichtes und der plastischen Markierung der Inschrifttafel-Kante – der Kopf aus dem Dunkeln leuchtet und vom Hintergrund zugleich festgehalten wird: Luther als feste Tatsache«.[17] Wichtig ist auch, daß der Doktorhut den oberen Rand nicht mehr fast berührt, der Kopf insgesamt dadurch selbständiger ins Bild kommt; indem Hut und Kapuze an den rechten Rand angelehnt erscheinen, gewinnt Luthers Blick ins Dunkle eine kühnere Note. Gegen die andrängenden Dunkelschraffen, die auch an Kinn und Nacken den Körper verdichten, hebt sich ein markantes Gesichtsprofil ab, das besondere Merkmale auffällig hervortreten läßt. Immer ist der Wulst über der Augenbraue aufgefallen, und manche Deutung erweckt den Eindruck, als sei in ihm die ganze Energie des reformatorischen Aufbruchs enthalten: Curt Glaser weiß in dieser Umrißlinie eine »geradezu gewalttätige Kühnheit« sitzen, und auch der Basler Cranach-Katalog sieht in dem »fast primitiven Stirnhöcker über der Braue« das »geistige Durchsetzungsvermögen Luthers« äußerlich markiert.[18] Nun hatte aber schon 1973 Frank Steigerwald einen Hinweis gegeben, der vielleicht eine genauere Deutung erlaubt: »Durch das strenge Profil des Gesichts wird der knochige Wulst über den Brauen besonders deutlich; er gilt seit der antiken Physiognomik als Zeichen des Tatmenschen. Hier wird er, ebenso stark wie das Kinn, der gewölbten Stirn

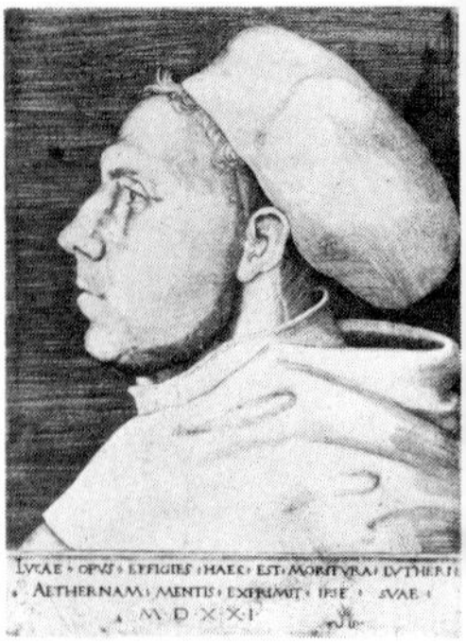


19 *Der dunkle Hintergrund und kräftigere Modellierung monumentalisieren das Gesicht.*

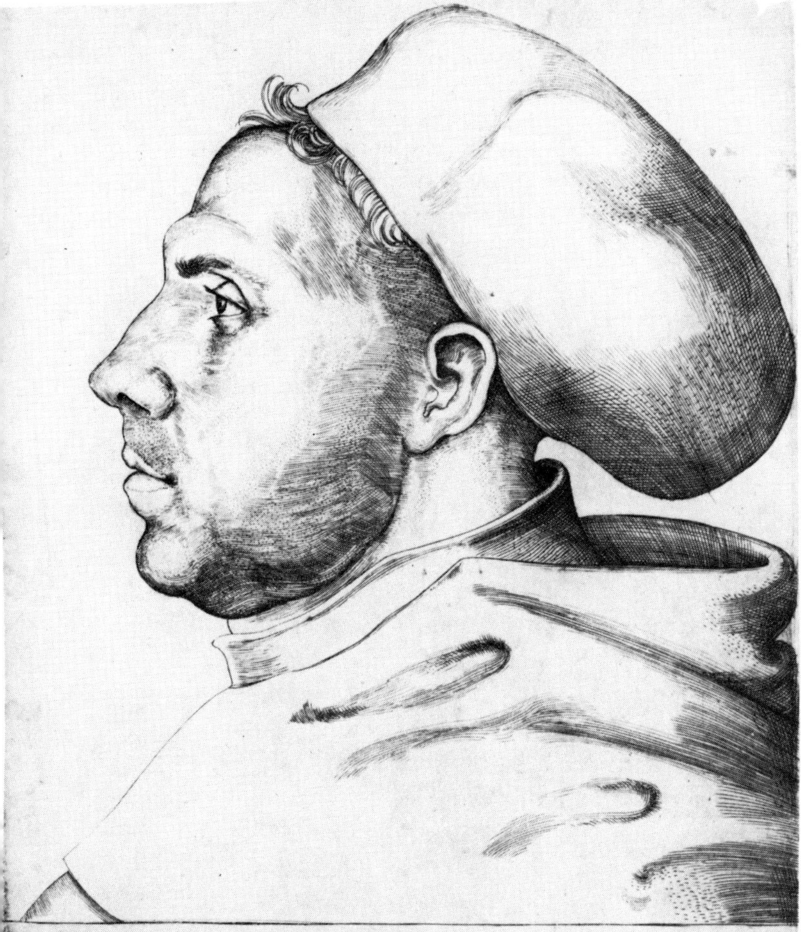


27 *Der hellere Hintergrund hätte das Gesicht »abwesender« gehalten.*
*Erster Zustand des dritten Lutherbildnisses von Lucas Cranach, mit hellem Grund. 1521. Kupferstich.*

wehrhaft vorgebaut«.[19] In der Tat läßt sich beispielsweise anhand der »Physiognomica« des Pseudo-Aristoteles nicht nur dieser Höcker, sondern auch die ebenfalls auffällige, aus dem Hutrand herausspringende Haarlocke über der Stirn genauer deuten. Grundtheorem dieser Physiognomik ist die Vergleichbarkeit von Tier- und Menschenzügen. Das edelste und tapferste aller Tiere ist der Löwe: »Der Mund ist sehr groß, sein Gesicht kantig, nicht zu knöchern; der Oberkiefer nicht hervorstehend, sondern mit dem Unterkiefer in Ausgleich; die Lippen eher dick als dünn; lebhafte, tiefsitzende Augen, die weder zu rund, noch zu schmal und von mittlerer Größe sind; eine reichliche Augenbraue, eine eckige Stirn, die in der Mitte eingesetzt ist und die zur Augenbraue hin überhängt; Nüstern unter der Stirn wie eine Wolke. Über der Stirn gegen den Mund hin das Haar abfallend, wie Borsten... Im Charakter ist er generös und liberal, großherzig und siegesbewußt; er ist mild, gerecht und gesellig.«[20] Wir wissen, daß in der Renaissance zahlreiche Herrscherbildnisse nach solchen physiognomischen Mustern stilisiert wurden; so wird etwa 1482 in einem Vertrag für das Grabmal Ludwigs XI. von Frankreich dem Künstler ausdrücklich aufgetragen, die Nase nicht naturgemäß, sondern »aquiline«, also adlergleich, zu gestalten; eine »adlergleiche Nase, die sich von der Stirn abhebt«, ist nach dem Pseudo-Aristoteles »großherzig«, während eine spitz zulaufende Nase, wie sie Cranachs Luther aufweist, »zum Zorne neigt«.

*28 Herkules als Vorbild der Herrscher. Römische Medaille mit Kaiser Maximilianus als Herkules. Um 306.*

Der heroische Prototyp, der die Merkmale des Löwengesichtes trug, auch weil er die Haut des Nemeischen Löwen oft übergezogen hatte, war Herkules *(Abb. 28)*, und nach dessen Bild ließen

*29 Der Kaiser mit Herkuleszügen. Karl V. als Herkules, mit Löwenbesatz auf der Schulter.*

sich Herrscher gerne gestalten. So zeigt eine Mailänder Münze ein Profilbildnis Kaiser Karls V. *(Abb. 29, 35)*, dessen Schulterbesatz den Löwenkopf zeigt; auch weist er den Wulst über dem Auge auf, obwohl wir von anderen Bildnissen wissen *(Abb. 23)*, daß der Habsburger eine fliehende Stirn hatte.[21]

Offensichtlich also stattet Cranach das Profilbildnis Luthers mit Versatzstücken der Heroenphysiognomie aus, die zumindest von Gebildeten sogleich als solche entziffert werden konnten. Für gebildete Adressaten war das Bildnis wohl gedacht, erst Daniel Hopfer hat es durch eine Strahlenglorie und eine Beischrift, die in deutscher Sprache den Sinn vereinfacht, zu popularisieren versucht *(Abb. 24)*.

Diese weltliche Überhöhung Luthers hat in dem letzten der graphischen Lutherbildnisse Cranachs sogar eine biographische Grundlage *(Abb. 30)*. Der Holzschnitt, der Luther als Junker Jörg vorstellt, ist so populär geworden, daß man sich über den Verkleidungszustand, in dem sich Luther befindet, kaum noch wundern kann. Luther hatte sich tatsächlich nach dem Wormser Reichstag als Junker verkleiden müssen; im Dezember 1521 taucht er kurz in Wittenberg auf, doch wohl nicht bei dieser Gelegenheit, sondern nach seiner endgültigen Rückkehr im März 1522 gestaltet Cranach das ritterliche Lutherbildnis. Hatte er ihn in den bisherigen Bildnissen immer nur unterschwellig als Heiligen oder Heros stilisieren können, so kann er es jetzt offen tun. Wieder geschah es nicht ohne Absicht und gewiß auch nicht ohne die Zustimmung des Hofes. Denn Luther war nach Wittenberg zurückgekehrt, um den dort unter Karlstadt ausgreifenden Radikalismus, der mit den kultischen Reformen auch die Bilder beseitigt hatte, einzu-

30 *Der verkleidete Adlige.*
*Luther geadelt zum »Junker Jörg«. 1522.*
*Holzschnitt von Lucas Cranach.*

dämmen. Cranachs Bildnis ist entstanden, »als Luther wie ein Ordner erschien (Cranach als Ratsherr, reicher Mann und Hofmaler stand sicher auf der Seite derjenigen, die Karlstadt loswerden wollten). Der bärtige Kopf des ritterlichen Luther wurde von Cranach so massiv angelegt und kräftig durchgezeichnet, das Wams so schmissig angegeben, daß das Bild Respekt einflößen sollte«.[22] Diese Quasi-Nobilitierung Luthers stellt diesen nun vollends in das weltliche Leben hinein, für das seine Gestalt wiederum in neue Rollen schlüpfen mußte.
Luther als Heiliger, als Herkules, als Junker – diese Verwandlungsfähigkeit des Reformators mochte seinen Anhängern seine Allzuständigkeit bestätigen, den katholischen Kritikern jedoch offenbarte dies Grundwidersprüche seines Wesens. Ein vom Anhänger Luthers zum Altgläubigen gewandelter Humanist, Johannes Cochläus, hat die Vielgesichtigkeit, welche die frühen Lutherbildnisse ausbreiteten, von dem Fuldaer Hans Brosamer 1529 für eine Schmähschrift ins Bild bringen lassen *(Abb. 31)*: Hier erscheint Luther als apokalyptisches siebenköpfiges Ungeheuer; die Köpfe, die einem Unterkörper entwachsen, an dem zwei Arme nach Cranachs Art ein Buch halten, parodieren die Rollen, die Luther angedichtet werden konnten: Über der linken Schulter ist er der »Doctor«, es folgt der Mönch in Kutte mit dem Habitus eines alten Bischofs; sodann trägt er den türkischen Turban, weil er die Gläubigen bekämpft. In der Mitte des Rumpfes erscheint Luther als »Ecclesiast« mit Priesterbarett, eine ungeklärte Qualifizierung, vielleicht als falscher Prophet; als »Schwirmer« (Schwärmer) umgeben seinen aufgewühlten Kopf Hornissen, die in der Bibel ein Synonym für Angst und Schrecken sind; als

31 *Für seine Gegner hatte Luther sieben Köpfe.*
*Luther als »Siebenkopf«. 1529. Titelholzschnitt von Hans Brosamer zu Johannes Cochleus: Sieben Köpffe Martini Luthers.*

»Visitirer«, der die längst vergessene Kirchenvisitation wieder eingeführt hat, maßt sich Luther päpstliche Befugnisse an; schließlich ist er »Barrabas«, der von Pilatus begnadete Verbrecher, an dessen Stelle Christus geopfert wurde, hier dargestellt als »Wilder Mann« mit Keule, der Aufruhr, etwa den bäuerlichen, schürt. Für all diese Rollen holt sich Luther die Anweisungen aus der Bibel. Die prompte protestantische Antwort in Gestalt eines »siebenhäuptigen Papsttieres« *(Abb. 32)*, die über dem Altar des Ablaßkastens und vor dem Kreuz mit den Leidenswerkzeugen ein Bild des vielköpfigen Ungeheuers entfaltet, spaltet nicht die Person des Papstes in Rollen auf, sondern sieht seinen Körper von Vertretern der kirchlichen Hierarchie, vom Mönch bis zum

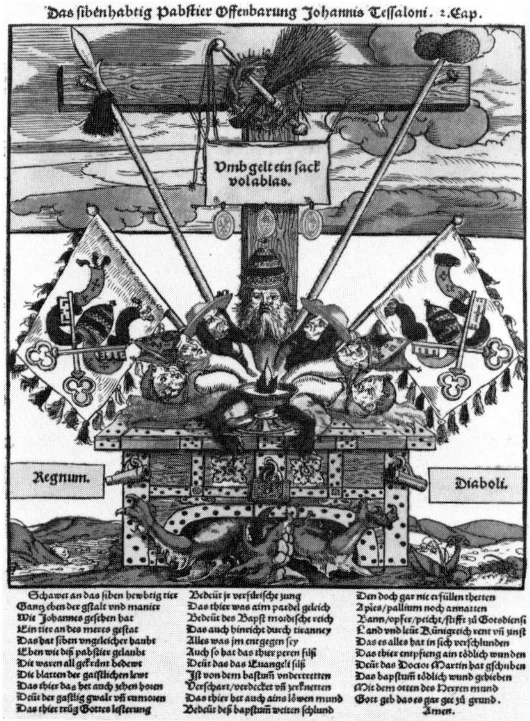


*32 Für die Lutheranhänger war das Papsttum ein apokalyptisches Ungeheuer. Die Kirchenhierarchie als »Siebenkopf«. Um 1530. Flugblatt mit Versen von Hans Sachs und koloriertem Holzschnitt eines unbekannten Künstlers.*

Kardinal, zusammengesetzt. Offenbar verstand man gar nicht den Kern des katholischen Vorwurfs, der ja abzielte auf die Rollenvielfalt der Person Luthers, die doch so sehr auf ihre persönliche Identität im Glauben pochte.
Eine merkwürdige Zeichnung von Peter Vischer d. J. aus dem Jahre 1524 kann belegen, mit welch gutem Gewissen und von welchen Grundsätzen aus man Luthers Rollenvielfalt bejahen konnte *(Abb. 33)*. Luther, nackt und in der Pose eines Apoll, führt die Personifikationen der Jugend, des Gewissens und des Volkes aus den Trümmern und aus der Asche der katholischen Kirche, so wie Christus die Seelen aus der Vorhölle führt. Während der Luxus, der Geiz, die Dekrete, Zeremonien und die Beichte vor dem

33 *Luther als Apollogestalt in einer Allegorie der Reformation, Peter Vischer d. J., Zeichnung, 1524.*

zusammenbrechenden Bau der Kirche aus dem Bild fliehen, weist Luther die Menschheit auf Christus hin, der im Hintergrund vor einer umwölkten Nische erscheint. Luther führt seine Gläubigen auch vorbei an der Szene weltlichen Handelns, die sich im Vordergrund links abspielt: Hier sitzt der Kaiser mit verbundenen Augen, wie Paris vor den drei Göttinnen, und ordnet die Dinge gerecht nach Anweisungen der ihn assistierenden Tugenden des Glaubens, der Hoffnung und der Mildtätigkeit. »Peter Vischer, der in Italien gereiste und geschulte Bronzekünstler, will zum Ausdruck bringen: wir vertrauen Luther, der uns den kürzeren Weg zu Gott zeigt, wir brauchen keinen Papst als Stellvertreter Christi, sondern nur einen gerechten Kaiser, der mit den wahren christlichen Tugenden von Liebe, Glaube und Hoffnung lebt«.[23] Glaubens- und Welttatsachen gehen verschiedene Wege; das Heil kann zielstrebig gesucht werden, weil ein ordentliches Regiment das Gewissen frei hält. Bildtheoretisch und bildnispolitisch übersetzt, heißt das, daß die äußeren Umstände, die äußere Hülle, die körperliche Erscheinung gleichgültige Nebensachen, Adiaphora, sind, wenn nur das innere Bild, das Wesen, die Heilsgewißheit gesichert ist.

Da das Gewissen sich vom Gesicht zurückgezogen hatte, konnte dieses frei werden für alle Rollen, welche im weltlichen Jammertal notwendig und nützlich waren. Vielleicht hatte Hans Holbein d. J. es 1523 noch ironisch ge-

34 *Hans Holbein d. J., Luther als Hercules Germanicus, Holzschnitt, 1523.*

*35 Der Herrscher als Herkules. Kaiser Maximilian als »Hercules Germanicus«. Um 1500.*

meint, als er Luther als einen »Hercules Germanicus« vorstellte, der mit der Puppe des Papstes an der Nase, in Laokoonpose auf die Scholastiker und kirchlichen Inquisitoren einprügelt *(Abb. 34)*. Er hat sich dabei erinnert an eine Darstellung Kaiser Maximilians als »Hercules Germanicus« *(Abb. 35)*,[24] und vielleicht auch an den Versuch Cranachs, die Lutherphysiognomie mit Merkmalen des populären Heroen auszustatten. Als ein biblischer Heros erschien Luther in einem Holzschnitt von 1521, wo er über seinen Gegner Thomas Murner als einen ungeheuren »Leviathan« in einer Pose triumphiert, wie sie üblicherweise das Weib einnahm, das in der Apokalypse über den Drachen siegt *(Abb. 36)*.[25]

Der Einwand, daß sich Luther hier als Kind seiner Zeit erweise und sein »Zeitgesicht« deshalb nicht verwunderlich sei, da ja ringsum bedeutende Herrschaften sich in Rollenbildnissen darstellen ließen, verfinge nur, wenn wir nicht darauf beharrten, daß Luthers Leistung ansonsten darin bestand, den Normen seiner Zeit zu widersprechen. Im Bildnis, so scheint es, holen diese Normen ihn wieder ein. Weil er das »Ab-

*36 Luther wie ein Apokalyptisches Weib über seinen Gegner triumphierend, 1521.*

bild seines Geistes« selbst in der Hand hat und sich mit ihm vor Gott sehen lassen kann, darf er es widerspruchslos geschehen lassen, daß sein »sterbliches Abbild« in eine Ebene mit denjenigen seiner Gegner gerät: Es war Lucas Cranach, der 1525 eben jenen Kardinal und Erzbischof Albrecht von Brandenburg, den er fünf Jahre zuvor noch mit Luther in einen negativen Vergleich hatte bringen wollen, jetzt als Heiligen Hieronymus in ein Gehäuse setzt *(Abb. 37)*. Es ist das vornehmer gewordene Gehäuse, das Dürer für seinen Hieronymus erfunden hatte. Wolf Stuber hat nun Luther um 1570 in das gleiche Gehäuse gesetzt *(Abb. 38)*, und er meinte wohl eine Stube in der Wartburg, wo Luther die Bibel ins Deutsche übersetzte, wie Hieronymus

37 *Cranach bedient auch Luthers Gegner:
Albrecht von Brandenburg in Dürers Hieronymusgehäuse.
Gemälde von Lucas Cranach.*

*38 Luther als Hieronymus in Dürers »Gehäuse«. Um 1560*

sie ins Lateinische übersetzt hatte; damals war er tot geglaubt worden – deshalb das Lutherzitat: »Lebend war ich Dir eine Pest; sterbend werde ich Dein Tod sein, Papst!« Als Luther tatsächlich starb, hat man sogleich zwei Maler kommen lassen, die ihn zeichnen sollten. Denn die Katholischen hatten vorausgesagt, es werde ein schrecklicher, qualvoller Tod werden. Eine der Zeichnungen wurde in die Werkstatt Cranachs gebracht, wo man das offizielle Totenbild schuf *(Abb. 39)*. Er liegt in weichen Kissen, Haar und Hemdkragen umkräuseln das mächtige Haupt, in dem die Augen nicht ganz geschlossen sind. Noch der Friede dieses Totengesichts mußte Zeugnis für einen mit gutem Gewissen entschlafenen Luther, für »die Legitimität der Reformation« ablegen.[26]

# Die Gestalter von Luthers Image

Luthers Bildnis ist als ein Bestandteil des reformatorischen Kampfes immer wieder von Interessen mitgestaltet worden. Daß er, der Bergmannssohn, einer der meist porträtierten Männer des Zeitalters war, verdankt er der Anteilnahme der breiten Öffentlichkeit an seiner Leistung.

In allen Bildnissen Luthers sind unverkennbare Züge gegenwärtig, so daß sich unsere Vorstellung von seinem Aussehen auf zuverlässige Daten stützen kann. Offenbar aber war die Wiedererkennbarkeit zur damaligen Zeit nicht das einzige Kriterium, das für ein Bildnis Geltung hatte. Auf dem Weg zur Öffentlichkeit haben unterschiedliche zeitgeschichtliche Kräfte an Luthers Bildnis mitgestaltet und ihm Merkmale beigemischt, die sein Gesicht übergeordneten Vorstellungen verfügbar machten.

Eine der wichtigsten Instanzen, die Interesse an Luthers Bildnis nahmen, war der Wittenberger Hof. Dort war der Humanist Georg Spalatin zuständig für die Belieferung der öffentlichen Meinung auch mit Bildnissen. Da Luther ein wichtiger Bestandteil der Politik des Hofes war, und er immer ein Schützling Friedrichs des Weisen geblieben ist, ohne diesen je gesehen zu haben, war das Bild, das die Öffentlichkeit von ihm gewann, ein unentbehrliches Instrument der Einflußnahme. Von Spalatin sind gewiß die wichtigsten Einflüsse auf die Cranachschen Lutherbildnisse ausgegangen.

39 *Der tote Luther: Das gute Gewissen des Reformators. Nach 1546. Lucas Cranach d.J., Werkstatt. Gemälde.*

Wie jeder Hof bediente sich auch der Wittenberger für die visuelle Umsetzung seiner Informationspolitik eines fest bestallten Hofmalers. Cranach hatte als Hofmaler ein reguläres Jahresgehalt sowie Anrecht auf Ernährung und Kleidung. Für jedes Werk, das er lieferte, wurde er gesondert bezahlt. Wir wissen nichts Genaues darüber, dürfen aber vermuten, daß für Cranach und seine Werkstatt der Vertrieb der Lutherbildnisse eine beträchtliche Einnahmequelle war. Die gemalten Bildnisse Luthers, seiner Frau Katharina von Bora, aber auch seiner Eltern, welche die Werkstatt Cranachs hervorgebracht hat, zählen in die Hunderte. Für fast jede protestantische Kirche sind sie wiederholt worden. Seit dem Jahre 1532 hat Cranach den »Reformator« Luther sitzend mit der charakteristischen schwarzen Schaube im Dreiviertelprofil gemalt *(Abb. 40)*, ein Bildnis, das er selbst noch oft wiederholt und variiert hat, und das auf Jahrhunderte hinaus das Muster für evangelische Pastorenbildnisse abgeben sollte. Faktisch hat Cranach eine Art Exklusivrecht an der Verbreitung des Lutherbildnisses innegehabt.

Die Flexibilität und die Schnelligkeit, mit der Cranachs Pinsel Wünsche zufriedenstellen konnte, ist ihm oft als Oberflächlichkeit und Charakterlosigkeit ausgelegt worden. Denn seit dem 19. Jahrhundert muß ein Maler denken und glauben, was er malt, und diese Erwartung schlug sich in dem Urteil gegen Cranach nieder. In Wahrheit aber war der Maler im 16. Jahrhundert noch ein handwerklicher Auftragnehmer oder im Falle Cranachs ein beamteter Unternehmer, der Bestellungen und Wünsche zu erfüllen suchte. Dennoch gehörte Cranach, der auch wichtige Ämter im Wittenberger Stadtrat bekleidete, zweifellos zu den Anhängern Luthers, denn er hat auch durch eine scharfe Bildpolemik, vor allem in den Illustrationen zu Luthers Bibelübersetzung, der protestantischen Agitation wesentliche Impulse gegeben.[27] Diese per-

40 *Der »Reformator«.*
*Luther in seinem 50. Lebensjahr. 1533. Gemälde von Lucas Cranach.*

sönliche Parteinahme hat ihn aber andererseits als Künstler nicht gehindert, den großen Gegenspieler Luthers, Albrecht von Brandenburg, in einer Serie von Bildern als Heiligen Hieronymus zu verklären *(Abb. 37)*. Da eben die Vorstellung noch nicht geläufig war, daß der Künstler seine Seele in die Bilder eingibt, wird man auch Cranachs flexiblen Umgang mit Luthers Gesicht weniger merkwürdig finden.

Dagegen darf man Luthers Verhalten gegenüber seinen Bildnissen als problematisch ansehen. Er, der die Heiligen zwar als bewundernswerte Glaubenszeugen anerkannte, sie aber für jede Erlangung der Gnade als überflüssig erklärte, hat sich selbst im Gewand von Heiligen abbilden, verbreiten und offenbar auch nutzen lassen. Es ist keine nennenswerte Äußerung Luthers über die Masse der Bildnisse, die ihn umschwirrt haben müssen, bekannt.[28] Wenn man nicht auf eine Unempfindlichkeit gegenüber jeglicher Art von Bildern schließen will, muß man annehmen, daß er dies, vielleicht auch mit Rücksicht auf den Hof, wortlos hat geschehen lassen. Diese Gleichgültigkeit gegenüber dem eigenen Gesicht ergibt sich jedoch auch aus einer theologischen Auffassung, welche die Welt der Sinne, des gesellschaftlichen Treibens als eine eigenständige Sphäre bestehen läßt, solange sie nur die Bemühungen um das persönliche Heil unbehelligt läßt. Die der Außenwirklichkeit entzogene Seele hat eine eigene, unvergängliche Identität zu entwickeln, wogegen alle Bestimmtheit des Lebens, des Körpers und auch des Gesichtes gleichgültig wird. Dieser vielbesprochene lutherische Rückzug in die Innerlichkeit hat dieser ganz neue Entfaltungsmöglichkeiten eröffnet, und im weiteren Verlauf der Geschichte ist sie auch innerweltlich virulent

13 *Der volkstümliche Luther.*

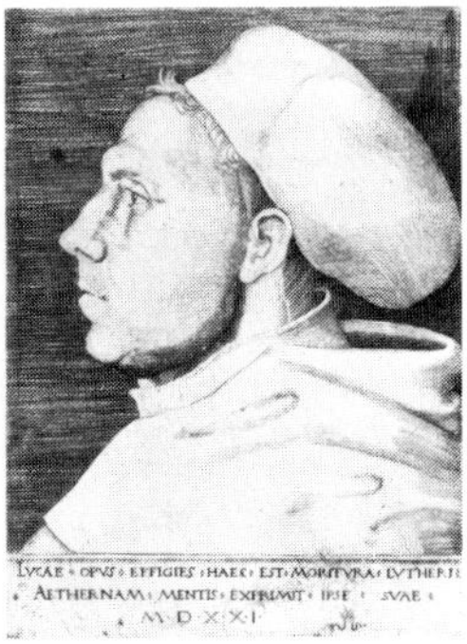


19 *Der antikisierte Luther.*

geworden, wo sich die im persönlichen Seelenraum entwickelten Ansprüche nach außen kehrten.

Am schwierigsten ist es, zusammenfassend den Anteil der »Öffentlichkeit« am Mechanismus der Entstehung und Verbreitung der Lutherbildnisse zu bestimmen. Sie ist durch Cranachs Bildnisse nicht global, sondern differenziert angesprochen worden. Das zweite Bildnis, das Luther als frommen, heiligen Mönch stilisiert *(Abb. 13)*, war am ehesten auf das Volk, auf den »gemeinen Mann« berechnet, während das dritte *(Abb. 19)* eher für gebildete, humanistische Kreise bestimmt war.

Es stellt sich die Frage, warum man dem Glaubensvolk, dem doch theologisch eine reine Lehre vorgetragen wurde, nicht auch einen unverhüllten und unverkleideten Lutherkopf zumuten wollte oder konnte. Die geläufige Erklärung, daß das Volk die nackte Wahrheit nicht vertragen hätte und man sie ihm deshalb schonend beibringen müßte, ist schon 1523 in Zürich vorgetragen worden, wo man für eine zeitweilige Beibehaltung der Bilder plädierte mit der Begründung, daß man »dem swachen sinen stab, daran er sich hept, nicht uiß der Hand ruissen sol«.[29] Ganz befriedigen kann diese didaktische Nachsicht nicht, weil man eigentlich annehmen möchte, daß der »gemeine Mann« es gewohnt war, nackten Wahrheiten viel gnadenloser ausgesetzt zu sein und ihnen offener ins Gesicht zu sehen als die Gelehrten oder höfischen Beamten. Eher wäre eine Erklärung plausibel, welche die Angst der Obrigkeit vor der vollen Entfaltung der Wahrheit in Rechnung stellte.

In einer bedeutenden Abhandlung über die Prodigien- und Flugblattillustrationen der Reformationszeit hat Aby Warburg ausgeführt, wie sehr Luther selbst vor den Konsequenzen seines Denkens Schutz suchte oder brauchte. So wurde Luthers Geburtstag auf ein Datum verlegt, das ihn in eine astrologische Konstellation brachte, die weniger Unheil versprach. Warburg zeigt auf, wie sehr die Bildnachrichten von merkwürdigen Kalbsgeburten oder Naturereignissen von Luther mit abergläubischem Eifer verfolgt werden.[30] So könnte Luther es als eine Wohltat empfunden haben, sein Gesicht gleichsam hinter einem Schleier stilisiert, unter den Schutz übergeordneter Muster gestellt zu sehen. Denn die nackte Wahrheit ist, wenigstens in Zeiten fast vollständiger Analphabetik, im Bilde schlagender und schonungsloser als in Schriftsätzen. So wären es nicht überlegene Erziehungsrücksichten gewesen, die dem Volk einen heiligen Luther etwa für einen verpönten heiligen Christophorus beschert hätten, sondern es wäre auch eine Schutzmaßnahme gewesen, die es Luther ersparte, sich unverhüllt preiszugeben.

Die subjektiven Schutzbedürfnisse Luthers könnten sich mit solchen in der Öffentlichkeit getroffen haben. Dieser war durch Luther etwas ganz Neues, ein Ausbruch aus alten Glaubensgewohnheiten und Wertsystemen zugemutet. Offensichtlich aber werden solche Zumutungen nicht ungeprüft aufgenommen, sondern wird verlangt, daß sie sich gültigen Wertvorstellungen gegenüber ausweisen. Spalatin wenigstens wird gewußt haben, daß es in der Bildpolitik eine Wechselbeziehung zwischen Sender und Empfänger zu berücksichtigen galt: Dieser nimmt nur auf, wenn jener sich geltenden Wertvorstellungen anbequemt. Eine unverhüllte neue Botschaft oder das unverhüllte Gesicht einer neuen Glaubensautorität hätten kaum Chancen gehabt, auf breiteres Interesse zu stoßen, wenn sie nicht zugleich die Bereitschaft erkennen ließen, auf allgemeinere Bedürfnisnormen einzugehen. So gesehen, wären die Muster und Schemata, in die Cranach das Gesicht Luthers hineinstilisiert hat, eine Art Prüf- und Kontrollsystem, dem das Neue sich aussetzen und der auch die Person Luthers sich stellen mußte. Cranachs erstes und bestes Lutherbildnis *(Faltblatt)* ist diesem System zum Opfer gefallen. In dem Heiligen- oder Heroenhabitus des portraitierten Luther hätte sich dann nicht so sehr das propagandistische Konzept einer gerissenen Obrigkeit niedergeschlagen, sondern hätten Normen Rücksicht gefunden, welche die Adressaten anerkannt sehen wollten, bevor sie dem neuen Mann Glauben schenkten. Eine in Gesicht und Haltung Luthers eingetragene »Heiligkeit« beglaubigt sichtbar und greifbar, daß gültige Wertvorstellungen und -ansprüche nicht außer Kraft, sondern allererst konkretisiert werden sollten. Wo immer ein »Image« manipulativ hergestellt wird, dürften seine Erfolgsaussichten doch wesentlich davon abhängen, inwieweit es allgemeingültige Werte und Erwartungen in sich aufgenommen hat oder nicht.

Die Öffentlichkeit ist ja gegenüber den Bildern nicht ganz wehrlos. Zumal graphische Bildnisse sind verletzbar und handhabbar. Lutherbildnisse sind früh nicht nur verehrt, sondern auch verbrannt und entstellt worden *(Abb. 41, 42)*. Aus dem Jahr 1521, da beide Bildnisdrucke Cranachs von Luther vorlagen, sind uns zwei Nachrichten überliefert: In Thorn verbrannte ein päpstlicher Legat ein Lutherbildnis, und am 17. Februar wurden Abzüge von Bildnissen Luthers und Huttens am Galgen der Stadt Schlettstadt mit deutschen Versen angeheftet gefun-

41 *Das verbreitete Bildnis ist angreifbar.*
*Mit Tusche entstelltes Lutherbildnis von Hans Baldung gen. Grien. Holzschnitt.*

42 *Bildersturm gegen den Bilderstürmer.*
*Angriff auf eine Lutherstatue – Statua hereticalis.*
*Holzschnittillustration zu B. Lutzenburg, Catalogus hareticorum. 1522.*

den. Der Rat hat sich deswegen bei Hutten entschuldigt.[31] Magische Praktiken und Fixierungen, denen Bildnisse besonders leicht ausgesetzt sind, können die Form einer öffentlichen Kontrollausübung annehmen. Cranach scheint das in seinen Lutherbildnissen berücksichtigt zu haben.

# Anmerkungen

1 Vgl. Johannes Ficker, ›Die Bildnisse Luthers aus der Zeit seines Lebens‹. In: *Luther-Jahrbuch*, Jg. 16, 1934, S. 103–161.

2 *Dürers Schriftlicher Nachlaß*. Hrsg. Hans Rupprich, Bd. 1, Berlin 1956, S. 86f.

3 Katalog *Lucas Cranach*. Berlin-Dahlem 1973, Nr. 60, S. 52 (Frank Steigerwald).

4 Wilhelm Worringer, *Lukas Cranach*. München 1908, S. 117.

5 Katalog *Lukas Cranach*. Von Dieter Koepplin und Tilman Falk. Basel 1974 (2. Aufl.), Bd. 1, Nr. 35, S. 92. – Vgl. jetzt auch Katalog *From a Mighty Fortress*, Detroit 1983, Nr. 126, S. 232 (Charles Talbot).

6 Eduard Flechsig, *Cranachstudien*. Erster Teil. Leipzig 1900, S. 58f.

7 Katalog *Martin Luther und die Reformation in Deutschland*. Ausstellung zum 500. Geburtstag Martin Luthers veranstaltet vom Germanischen Nationalmuseum Nürnberg. Frankfurt/M. 1983, Nr. 215, S. 175 (Jutta Zander-Seidel).

8 Vgl. Konrad Hoffmann, ›Typologie, Exemplarik und reformatorische Bildsatire‹. In: *Spätmittelalter und Frühe Neuzeit. Tübinger Beiträge zur Geschichtsforschung*. Bd. 2: *Kontinuität und Umbruch*. Stuttgart 1978, S. 191ff.

9 Zitiert nach Katalog Nürnberg 1983 (Anm. 7), Nr. 280, S. 223.

10 Katalog Nürnberg 1983 (Anm. 7), Nr. 218, S. 177.

11 *D. Martin Luthers Werke*. Kritische Gesamtausgabe. Briefwechsel. Bd. 2. Bearbeitet von Otto Clemen. Weimar 1931, S. 305.

12 Cicero, *Pro Archia Poeta XII*, 30: »An statuas et imagines, non animorum simulacra, sed corporum, studiose multi summi homines reliquerunt, consiliorum relinquere ac virtutum nostrarum effigiem nonne multo malle debemus, summis ingeniis expressam et politam«.

13 Vgl. Peter-Klaus Schuster, ›Überleben im Bild‹. In: Katalog *Köpfe der Lutherzeit*. Hamburg 1983, S. 8, und den Katalog *Erasmus en zijn tijd*, Rotterdam 1969, Nr. 269.

14 Vgl. *Thesaurus Linguae Latinae*, s. v. »cera«, Sp. 850, 853.

15 Vgl. Flechsig a. a. O. (Anm. 6), S. 56, der die Aussage auf das dritte Lutherbildnis bezieht, wie die ganze

Cranach-Forschung nach ihm, obwohl O. Clemen in der Weimarer Luther-Ausgabe (Anm. 11), S. 284, sie auf die im folgenden Satz angesprochenen Holzschnitte bezogen sieht: »Iam paratur antithesis figurata Christi et pape, bonus pro laicis liber«.

16 Katalog Basel 1974 (Anm. 5), Nr. 38, S. 95.

17 Ebd. Nr. 38, S. 95 (Dieter Koepplin).

18 Curt Glaser, *Lukas Cranach*. Leipzig 1923, S. 152, und Katalog Basel 1974 (Anm. 5), Nr. 38, S. 95.

19 Im Katalog *Lucas Cranach* (Anm. 3), Nr. 62, S. 53.

20 Aristotele, *Minor Works*. Hrsg. W. S. Hett (The Loeb Classical Library). London/Harvard 1963, S. 111 f. – Zur Wirkung in der Renaissance vgl. Peter Meller: ›Physiognomical Theory in Renaissance Heroic Portraits‹. In: *Acts of the 20th International Congress of History of Art*. Princeton 1963, Bd. 2, S. 58 ff. – In Krakau war soeben die *Physionomia* des Johann von Glogau erschienen, die ähnliche Vergleiche anstellt, vgl. Ewa Chojecka, in: *Wiss. Zeitschr. der Friedrich-Schiller-Universität Jena*. Gesellschafts- und Sprachwissenschaftliche Reihe, H. 1, Jg. 18, 1969, S. 177-180.

21 Vgl. zu diesen Herkules-Verkleidungen Donat de Chapeaurouge, ›Theomorphe Porträts der Neuzeit‹. In: *Deutsche Vierteljahresschrift*, Bd. 42, 1968, bes. S. 276 ff., und Guido Bruck: ›Habsburger als Herkulier‹. In: *Jahrbuch der Kunsthistorischen Sammlungen in Wien*, Bd. 50, 1953, S. 191-198.

22 Katalog Basel 1974 (Anm. 5), Nr. 42, S. 98 (Dieter Koepplin). – Vgl. auch Katalog Detroit (Anm. 5), Nr. 128, S. 236 (Charles Talbot).

23 Vgl. Katalog *Der Mensch um 1500*, Berlin 1977 (2. Aufl.) S. 83.

24 Vgl. Hoffmann a. a. O. (Anm. 8), S. 204, und William C. Mc Donald, ›Maximilian I of Habsburg and the veneration of Hercules‹. In: *Journal of Medieval and Renaissance Studies*, Bd. 6, 1976, S. 143 f.

25 Katalog Nürnberg 1983 (Anm. 7), Nr. 287, S. 227 (Konrad Hoffmann), und R. W. Scribner, *For the Sake of Simple Folk. Popular Propaganda for the German Reformation*. Cambridge 1981, S. 24.

26 Zu Luthers Tod als »Staatssache«, vgl. Heiko A. Obermann, *Luther*. Berlin 1982, S. 11 ff.

27 Vgl. neben dem in Anm. 25 genannten Buch von Scribner und dem in Anm. 8 genannten Aufsatz von K. Hoffmann immer noch H. Grisar S. J. und Fr. Heege S. J., *Luthers Kampfbilder*. 3 Bde., Freiburg 1921–1923, und Ingeburg Neumeister, *Flugblätter*

*der Reformation und des Bauernkrieges.* Leipzig 1976.

28 Die bei Hans Preuß, *Martin Luther. Der Künstler.* Gütersloh 1931, S. 44, zusammengestellten Äußerungen aus den »Tischreden« sind wenig aufschlußreich; bemerkenswert allenfalls der Gemeinplatz, »daß gute Maler eine Person viel hübscher malen, denn sie ist«.

29 Vgl. Martin Warnke, ›Durchbrochene Geschichte? Die Bilderstürme der Wiedertäufer in Münster 1534/35‹. In: *Bildersturm.* Hrsg. M. Warnke. München 1973, S. 70.

30 Aby Warburg: ›Heidnisch-antike Weissagung in Wort und Bild zu Luthers Zeiten (1920)‹. In: A. W., *Gesammelte Schriften.* Leipzig/Berlin 1932, Bd. 2, S. 487-565 (Reprint Nendeln 1969). Über den Prodigienglauben jetzt auch Natharine Park / Lorraine J. Doston, ›Unnatural Conceptions: Study of Monsters in 16th and 17th century France and England‹. In: *Past and Present* Nr. 92, 1982, S. 21-54.

31 Karl Schottenloher, *Flugblatt und Zeitung.* Berlin 1922, S. 64. – Werner Schade, *Die Malerfamilie Cranach.* Dresden 1974, S. 52 n. Anm. 365.

## Daten zu Cranach

1472 in Kronach (Oberfranken) geboren.

1501/02 Aufenthalt und Tätigkeit in Wien bis 1503/04.

1504/05 Fest besoldeter Hofmaler des sächsischen Kurfürsten Friedrichs III., des Weisen in Wittenberg.

1508 Verleihung eines Wappenbriefes durch Kurfürst Friedrichs des Weisen an Cranach. Reise in die Niederlande.

1512 Luther wird Professor an der Wittenberger Universität.

1517 Luthers Thesen-Veröffentlichung über den Ablaß.

1519 Erstes polemisches reformatorisches Flugblatt Cranachs: »Der Himmelwagen und Höllenwagen des Andreas Bodenstein von Karlstadt«, das Himmel und Hölle als evangelische und päpstliche Positionen gegenüberstellt.

1519 Cranach wird in den Rat der Stadt Wittenberg gewählt.

1520 Erste Lutherbildnisse von Cranach. – Luther wird Taufpate von Cranachs Tochter Anna. – Gesellen Cranachs in tätlicher Auseinandersetzung mit adligen Studenten.

1521 Cranachs »Passional Christi und Antichristi« setzt in 13 Bilderpaaren den Lebenslauf Christi dem des Papstes gegenüber.

1522 Bildersturm in Wittenberg. Cranach illustriert Luthers Übersetzung des Neuen Testaments.

1523 König Christian II. von Dänemark, wegen seines Versuchs, in Dänemark die Reformation einzuführen, vertrieben, wohnt in Cranachs Wittenberger Haus. – Cranach betreibt einem Ratskollegen eine Druckerei für reformatorische Schriften. – Luthers Übersetzung des Alten Testaments erscheint mit Illustrationen Cranachs. – Cranach liefert ein Altarbild mit dem Schmerzensmann auf dem geöffneten Grab, zwischen Maria und Johannes, für Erzbischof Albrecht von Brandenburg in die Stiftskirche in Halle.

1525 Tod Friedrichs des Weisen. Cranach Trauzeuge Luthers. Doppelbildnis Luthers und Katharinas von Bora.

1526 Cranach Taufpate von Luthers erstem Sohn Hans.

1527 Cranach porträtiert Luthers Eltern.

1529 Cranach malt »Die Rechtfertigung des Sünders durch den Glauben«, ein evangelisches Programmbild. – Vermutlich in Berlin für Joachim I. von Brandenburg, den Bruder des Erzbischofs Albrecht, tätig.

1534 Cranach in Dresden mit Melanchthon von Erzbischof Albrecht zum Essen eingeladen.

1535 Cranach malt für Erzbischof Albrecht »Hercules bei Omphale«.

1537 Nach Tod von Cranachs Sohn Hans Beileidsbesuch Luthers.

1537/8 Cranach Bürgermeister von Wittenberg. Wieder 1540/41, 1543/44.

1546 Tod Luthers.

1553 Tod Cranachs.

# Literaturhinweise

Eine auf Vollständigkeit angelegte Liste von Lutherbildnissen gibt Johannes Ficker, ›Die Bildnisse Luthers aus der Zeit seines Lebens‹. In: *Luther-Jahrbuch*, Jg. 16, 1934, S. 103–161. Eine präzisierte und erweiterte Liste allein für die 1520er Jahre bietet R. W. Scribner, *For the Sake of Simple Folk. Popular Propaganda for the German Reformation.* Cambridge/London 1981, S. 251–256. – Zu den Lutherbildnissen Cranachs, alle vorausgegangene Forschung zusammenfassend und diese weitertreibend, der große Katalog von Dieter Koepplin und Tilman Falk, *Lukas Cranach.* Basel 1974, 2 Bde., bes. die Nummern 33–40. Im gleichen Jahr erschien die wichtige Monographie von Werner Schade, *Die Malerfamilie Cranach.* Dresden 1974. Bemerkenswert war in jenem Cranach-Jahr noch der von Wilhelm Köhler und Frank Steigerwald erstellte Katalog *Lucas Cranach.* Berlin (West) 1973. – Im Lutherjahr 1983 figurierten Cranachs Lutherbildnisse in allen Ausstellungen, wobei die Kataloge die Erträge jenes Cranach-Jahres mehr oder weniger berücksichtigen. Genannt seien die Kataloge *Martin Luther und die Reformation in Deutschland.* Ausstellung zum 500. Geburtstag Martin Luthers veranstaltet vom Germanischen Nationalmuseum Nürnberg. Frankfurt/M. 1983; *Kunst der Reformationszeit.* Staatliche Museen zu Berlin (Ost), 1983; *Köpfe der Lutherzeit,* Hamburg 1983; Hamburg 1983; *From a Mighty Fortress,* Detroit 1983.

Sieht man Cranachs Lutherbildnisse im Rahmen der protestantischen Bildpropaganda, so ist neben dem oben angegebenen Buch von Scribner, sowie neben der entsprechenden Abteilung des Nürnberger Katalogs (Nr. 278–321), für die Mobilisierung tradierter Vorstellungs- und Bildmuster besonders aufschlußreich der Aufsatz von Konrad Hoffmann, ›Typologie, Exemplarik und reformatorische Bildsatire‹. In: *Spätmittelalter und Frühe Neuzeit. Tübinger Beiträge zur Geschichtsforschung.* Bd. 2: *Kontinuität und Umbruch.* Stuttgart 1978, S. 189–210. Unter der älteren Literatur immer noch nützlich, obwohl parteiisch, H. Grisar und Fr. Heege, *Luthers Kampfbilder.* 3 Bde., Freiburg 1921–1923. Eindringliche Analysen bietet auch Ingeburg Neumeister, *Flugblätter der Reformation und des Bauernkrieges.* Leipzig 1976.

Die hier für Cranachs Lutherbildnisse beschriebene Technik der Angleichung der individuellen Physiognomie an überlieferte normative Muster wird auch in zahlreichen Beispielen aus anderen Bereichen greifbar. An Literatur darüber sei erwähnt: Peter Meller, ›Physiognomical Theory in Renaissance Heroic Portraits‹. In: *Acts of the 20th International Congress of History of Art.* Princeton 1963, Bd. 2, S. 53–68. Donat de Chapeaurouge, ›Theomorphe Porträts der Neuzeit‹. In: *Deutsche Vierteljahresschrift,* Bd. 42, 1968, S. 263–302; Harald Keller, *Das Nachleben des antiken Bildnisses von der Karolingerzeit bis zur Gegenwart.* Freiburg/Basel/Wien 1970. – Die »Verkleidung« Albrecht von Brandenburgs als Hl. Erasmus durch Grünewald behandelt Edgar Wind, ›Studies in Allegorical Portraiture‹. In: *Journal of the Warburg Institute,* Bd. 1, 1937/38, S. 138–162. – Die beste allgemeine Einführung zur Geschichte des Bildnisses in der Renaissance bietet John Pope-Hennessy, *The Portrait in the Renaissance.* London/New York 1966.

Will man die Ausprägung des Lutherbildnisses von Cranach in Vergleich bringen mit Luthers Bildtheologie, so findet man einen guten Überblick bei Margarete Stirn, *Die Bilderfrage in der Reformation.* Gütersloh 1977 (= *Quellen und Forschungen zur Reformationsgeschichte,* Bd. XIV), während die praktischen Auswirkungen vornehmlich in der Form von Bilderstürmen zuletzt von Carl C. Christensen, *Art and the Reformation in Germany,* Ohio 1979 behandelt wurden.

Da Cranachs Lutherbildnisse schließlich in den Rahmen der Kulturpolitik des Wittenberger Hofes gehören, können für diese herangezogen werden: Robert Bruck, *Friedrich der Weise als Förderer der Kunst.* Straßburg 1903, und Bernd Stephan, ›Kulturpolitische Maßnahmen des Kurfürsten Friedrich III., des Weisen, von Sachsen‹. In: *Luther-Jahrbuch,* Jg. 49, 1982, S. 50–95.

# Abbildungen

Wien, Graphische Sammlung Albertina, Inv. 1929/78

12 Zweiter Zustand des Lutherbildnisses von Lucas Cranach, mit perspektivischer Tafelkante und einem Profilkopf. 1520. Kupferstich, 13,8 × 9,5 cm
Weimar, Schloßmuseum

13 Das populärste Lutherbildnis – Luther mit Buch vor einer Nische. 1520. Kupferstich von Lucas Cranach, 16,5 × 11,5 cm
München, Staatliche Graphische Sammlung, Inv. 14448

14 Ein Muster für Cranachs Luther – Meister der Ursula-Legende: Der hl. Mareus vor einer Nische. Rückseite eines Altarflügels. Grisaillemalerei. Um 1485.
Brügge, Groningenmuseum

15 Über Luther die Taube des Heiligen Geistes. 1520. Holzschnitt Erhard Schön zugeschrieben

16 Sakralisierung Luthers durch Taube und Strahlenglorie. 1521. Holzschnitt von Hans Baldung gen. Grien. 15,5 × 11,5 cm

17 Luther als Andachtsbild – Eisenradierung von Hieronymus Hopfer. 21 × 14,9 cm
München, Staatliche Graphische Sammlung, Inv. 138035

18 Bildnis des Erasmus, das dessen geistiges Bildnis für besser erklärt. 1519. Bronzemedaille nach Entwurf von Quentin Massys. Dm 10,4 cm
Basel, Historisches Museum (Hill 1967, Nr. 629a)

19 Das dritte Lutherbildnis von Lucas Cranach – Luther als Mönch mit Doktorhut. 1521. Kupferstich, 20,8 × 15,0 cm
Berlin, Staatliche Museen, Stiftung Preußischer Kulturbesitz, Kupferstichkabinett (B. 6)

20 Briefmarke der Bundespost mit Profilbildnis des Bundespräsidenten Theodor Heuss

21 Briefmarke der Bundespost mit Dreiviertelprofil des Bundespräsidenten Gustav Heinemann

22 Profilbildnis Jakob Fugger »des Reichen«. 1511. Farbholzschnitt von Hans Burgkmair. 20,8 × 14 cm
Hamburg, Kunsthalle, Kupferstichkabinett (1163)

23 Profilbildnis Kaiser Karls V. 1520. Eisenradierung von Hieronymus Hopfer. 22,6 × 15,4 cm
München, Staatliche Graphische Sammlung, Inv. 15793

24 Gegenseitige Kopie des Cranachschen Lutherbildnisses mit Strahlenglorie. 1523. Eisenradierung von Daniel Hopfer. 22,9 × 15,5 cm

München, Staatliche Graphische Sammlung, Inv. 15831

25 Dürer gestaltet das Bildnis des Kardinals Albrecht von Brandenburg in Anlehnung an Cranachs Luther. 1523. Kupferstich von Albrecht Dürer. 17,6 × 13 cm
Hamburg, Kunsthalle, Kupferstichkabinett (10666)

26 Das Lutherbildnis von Cranach in eine Medaille umgesetzt. Nach 1521. Bronzemedaille des Monogrammisten HG. Dm 6,1 mm

27 Erster Zustand des dritten Lutherbildnisses von Lucas Cranach, mit hellem Grund. 1521. Kupferstich, 20,5 × 15 cm
Veste Coburg, Kunstsammlungen, Inv. I, 41, 5 Neg. P 5136a

28 Römische Medaille mit Kaiser Maximilianus als Herkules. Um 306. Gold, Dm 33 mm

29 Karl V. als Herkules, mit Löwenbesatz auf der Schulter. Mailänder Ducatone.

30 Luther geadelt zum »Junker Jörg«. 1522. Holzschnitt von Lucas Cranach. 35,3 × 21,4 (mit Schrift)
Veste Coburg, Kunstsammlungen, Inv. H 64 Neg. P 1068a

31 Luther als »Siebenkopf«. 1529. Titelholzschnitt von Hans Brosamer zu Johannes Cochleus: Sieben Köpffe Martini Luthers. 16,2 × 13,4
Nürnberg, Germanisches Nationalmuseum, 8° Rl. 2773 Postinc.

32 Die Kirchenhierarchie als »Siebenkopf«. Um 1530. Flugblatt mit Versen von Hans Sachs und koloriertem Holzschnitt eines unbekannten Künstlers, 34,8 × 25,4 cm
Berlin, Staatliche Museen, Stiftung Preußischer Kulturbesitz, Kupferstichkabinett Inv. 282–10

33 Luther führt die Menschheit zu Christus hin. 1524. Zeichnung von Peter Vischer, d. J. 31,1 × 42,6 cm
Weimar, Goethehaus

34 Luther als Deutscher Herkules. 1523. Holzschnitt von Hans Holbein d. J.
Zürich, Zentralbibliothek

35 Kaiser Maximilian als »Hercules Germanicus«. Um 1500. Oberer Teil eines anonymen Flugblattholzschnittes.
Wien, Graphische Sammlung Albertina, Inv. 1948/24 (oder 224)

36 Luther wie ein Apokalyptisches Weib über seinen Gegner triumphierend. Anonymer Holzschnitt zu Matthias Gnidius: Murnarus Leviathan vulgus dictus Geltnarr, Straßburg 1521.

Nürnberg, Germanisches Nationalmuseum, 8° Rl 1728 Postinc.

37 Albrecht von Brandenburg in Dürers Hieronymusgehäuse. Gemälde von Lucas Cranach. Lindenholz, 117 × 78 cm
Darmstadt, Hessisches Landesmuseum, GK 71

38 Luther in Dürers Hieronymusgehäuse. Um 1560. Kupferstich des Monogrammisten WS (Wolf Stuber).
Nürnberg, Germanisches Nationalmuseum, St. N 4493

39 Totenbildnis von Martin Luther. Nach 1546. Lucas Cranach d. J., Werkstatt. Gemälde auf Lindenholz, 34,5 × 21,5
Hannover, Niedersächsische Landesgalerie, KM 107

40 Luther in seinem 50. Lebensjahr. 1533. Gemälde von Lucas Cranach, Buchenholz, 21 × 15 cm
Nürnberg, Germanisches Nationalmuseum (Leihgabe Bayerische Staatsgemäldesammlung), Gm 216

41 Mit Tusche entstelltes Lutherbildnis von Hans Baldung gen. Grien. Holzschnitt, 15,4 × 11,5 cm
Marburg, Universitätsbibliothek

42 Angriff auf eine Lutherstatue – Statua hereticalis. Holzschnittillustration zu B. Lutzenburg, Catalogus haereticorum. Köln 1522